QU'EST-CE QU'IL Y A ENCORE, MAMAN ?

L'auteur

Rosie Rushton vit au Royaume-Uni, à Northampton. Elle a écrit de nombreux ouvrages pour la jeunesse traitant de son sujet de prédilection : la famille et les relations entre adultes et adolescents. Elle anime des ateliers d'écriture à travers toute l'Angleterre, et trouve ainsi matière à nourrir les chroniques qu'elle publie dans divers magazines.

Vous avez aimé

Sophie, Victoria, Olivia, Melissa...

Écrivez-nous
pour nous faire partager votre enthousiasme
Pocket Jeunesse, 12, avenue d'Italie, 75013 Paris.

Rosie Rushton

Qu'est-ce qu'il y a encore, maman ?

Traduit de l'anglais par Alice Marchand
Avec la collaboration de Christine Féret-Fleury

POCKET
jeunesse

Titre original :
Where do we go from here ?

Loi n° 49 956 du 16 juillet 1949 sur les publications destinées à la jeunesse : septembre 2002

Publié pour la première fois en 1999 par Piccadilly Press, Londres

ISBN 2-266-10315-6

1

UNE SOIRÉE CATASTROPHIQUE

— Je savais bien que c'était une mauvaise idée, grogna Julie Gee.

Elle ramena ses boucles châtain en chignon sur le haut de sa tête.

— Tu parles de ta coiffure ? demanda Laura. Je la trouve cool, moi.

Par-dessus l'épaule de Julie, la jeune fille se regarda dans le miroir des toilettes du *Giga*, le restaurant du père de son amie. Soigneusement, elle appliqua sur ses lèvres une troisième couche de brillant « Rose Persuasion ».

— Non, pas ma coiffure, corrigea Julie en s'aspergeant les cheveux de spray ultra-fixant. Cette soirée. Ici. Avec eux.

Elle tourna la tête vers la porte qui donnait sur le restaurant. Un éclat de rire aigu fusa, suivi d'un cliquetis de verres.

Julie gémit :

— Je me doutais que ce serait un désastre. On aurait dû aller directement en boîte... C'est ta faute, tout ça !

— Ma faute ? s'écria Laura. Et pourquoi ?

— Tu étais tout excitée quand ma mère a proposé qu'on dîne ici avant d'aller au *Zig-Zag*, se plaignit

Julie. Je t'entends encore : « Oh, génial, madame Gee, ça serait super-cool ! »

Un nouvel éclat de rire résonna dans le restaurant.

— Pour être cool, c'est cool ! reprit Julie, boudeuse. Une soirée avec ma mère, ses amis et plusieurs bouteilles de vin rouge, c'est la catastrophe assurée.

— Je ne savais pas que les parents viendraient aussi ! se défendit Laura. Et, de toute façon, on file au *Zig-Zag* dans deux heures. Allez, ce n'est pas si terrible.

— Parle pour toi... Ta mère est normale, elle ne risque pas de se ridiculiser, une fois de plus.

— Normale ? Ma mère ? répliqua Laura. Elle est incapable de formuler *une* phrase cohérente. Elle passe la journée à répéter des trucs du genre : « Qui c'est le mignon petit garçon tout dodu à sa maman ? » Je crois qu'elle se prend pour un Teletubby ! Il paraît qu'il y a des risques quand on a un bébé après un certain âge. Je peux témoigner qu'on devient gaga !

Julie ricana.

— La mienne n'a pas eu besoin d'un bébé pour perdre la boule ! plaisanta-t-elle. Toi, au moins, tu y gagnes un petit frère craquant. Charlie est trop marrant !

— Tu ne vas pas t'y mettre ! gronda Laura. Entre maman qui ne le lâche pas une seconde et Melvyn qui le prépare pour la fac en lui lisant le *Times* tous les soirs... J'en ai marre que tout le monde s'extasie devant lui !

— Le *Times* ? répéta Julie.

— D'après Melvyn, ça va enrichir son vocabulaire. C'est sûr qu'avec ma mère, Charlie part de loin ! Je devrais peut-être lui écrire des histoires pour enfants quand j'aurai fini mon roman.

— D'ici là, ton frère sera déjà à la fac ! répondit Julie en riant.

Laura avait commencé son roman à l'école primaire. Elle y racontait l'histoire d'un héros et d'une héroïne ne pouvant s'abandonner à leur passion à cause d'obscurs et terribles secrets. Laura n'attendait qu'une chose pour terminer son livre : vivre elle-même une grande passion romantique.

— La grande passion romantique... soupira-t-elle avec regret, c'est une chose qui manque cruellement dans ma vie pour le moment.

Elle allongea ses cils avec du mascara bleu vif.

— Et John ? demanda Julie, surprise. Tu l'as plaqué ?

Elle se percha sur un tabouret pour attendre que Laura ait fini de se maquiller.

— Non, dit Laura en haussant les épaules. Il est adorable et je l'aime beaucoup... mais il ne se passe plus grand-chose.

Julie faillit tomber du tabouret.

— Plus grand-chose ? souffla-t-elle. Tu veux dire... tu ne veux pas dire que vous avez fait... *quelque chose* ?

Laura, excédée, jeta son tube de mascara dans sa trousse de maquillage.

— Idiote, bien sûr que non ! Simplement, quand il m'embrasse ou qu'il me tient la main, ça ne me donne plus de frissons partout. Et puis il n'est pas très romantique... Tu sais ce qu'il m'a offert pour Noël ?

— Du parfum ? Des chocolats ?

— Tu parles ! Une BD... En plus, la moitié des gags n'étaient pas drôles.

Elle gémit :

— Je veux un petit copain qui aime s'allonger dans l'herbe pour lire John Donne.

— John qui ?

— Le poète [1], expliqua Laura. Franchement, je suis entourée d'incultes. Pas étonnant que ma muse m'ait abandonnée ! J'ai besoin de quelqu'un qui comprenne ma fibre artistique.

Julie éclata de rire.

— Tu as plutôt besoin qu'on te vénère ! répliqua-t-elle. Tu veux un garçon qui soit à tes pieds en permanence.

— C'est vrai ! admit Laura en riant. Bon, on ferait mieux d'y aller, c'est l'heure de servir les amuse-gueules.

— Quoi ? Laura, tu n'as pas fait ça ? Tu n'as pas laissé ma mère te convaincre ? Je lui ai dit qu'il était hors de question qu'on joue les serveuses.

Laura haussa les épaules.

— On peut manger plus, comme ça, conclut-elle, et elle ouvrit la porte.

De nouveaux éclats de rire retentirent. Une voix chantante s'éleva :

— Anona ! Ça me fait plaisir de te voir ! Super, ta coiffure, ma belle... Henry ! Oh ! j'adore les hommes qui me serrent dans leurs bras !

Ginny Gee étreignit Henry Joseph, le plaquant contre sa poitrine volumineuse. Elle minaudait de façon embarrassante.

Julie ferma les yeux.

— J'y crois pas, soupira-t-elle. Il faudrait l'enfermer.

— John, lança Mme Gee d'une voix stridente, tu as l'air perdu ! Ne fais pas cette tête, mon chou... Laura est dans les toilettes, en train de se faire belle pour toi. Elle ne va pas tarder.

Laura referma vivement la porte et se tourna vers Julie, effarée.

1. Poète anglais (1572-1631). *(N.d.T.)*

— Dis-moi que j'ai mal entendu, gémit-elle.

Julie secoua la tête.

— Je n'y suis pour rien, répliqua-t-elle fermement. Je t'avais prévenue que ma mère était une catastrophe ambulante. Viens, tu ferais mieux d'y aller et de tirer John de là. Moi, je vais chercher un trou de souris où me cacher.

John Joseph traînait les pieds, mal à l'aise. « C'est vraiment dingue, songea-t-il : il suffit d'un verre de vin à mes parents pour qu'ils deviennent charmants et passent pour le couple le plus uni du monde ! » Sa mère souriait et plaisantait avec la mère de Laura. Son père, toujours aussi lourd, pérorait devant le père de Julie sur les prix de l'immobilier. À les voir, personne n'aurait pu croire qu'une heure plus tôt ils étaient en pleine scène de ménage. Ils criaient même si fort que John s'était précipité pour fermer les fenêtres de la maison afin d'épargner les tympans des voisins.

Sa mère avait jeté sur la table du salon ses manuels de décoration et avait hurlé à son mari :

— Tu n'essaies même pas de comprendre, hein ? J'ai fait ce que TU voulais pendant des années, je t'ai soutenu dans TON travail... et maintenant, juste au moment où je me lance dans ce que j'ai toujours rêvé de faire, tu débarques avec ton idée farfelue et tu t'imagines que je vais tout lâcher pour te suivre. C'est franchement injuste !

— Pardon ? avait grondé le père de John.

Son teint déjà coloré avait foncé de manière inquiétante.

— ... Mais, bien sûr, me demander de garder un boulot que je déteste, avec des horaires impossibles, dans une boîte où on n'embauche plus que de jeunes prodiges prétentieux, tu trouves ça parfaitement légitime. Tout va bien pour toi, tu peux glandouiller à l'université...

— Je ne glandouille pas !

— On ne peut pas dire non plus que tu te fatigues !

À ce moment-là, John était entré en trombe dans le salon et avait exigé de savoir ce qui se passait. Évidemment, sa mère avait affiché un sourire forcé et lui avait dit de ne pas s'inquiéter. Et son père, furieux, avait déclaré que cette affaire ne le regardait pas. Typique. Pendant tout le trajet jusqu'au restaurant, ils n'avaient pas desserré les dents. Son père changeait les vitesses avec une brutalité inutile, sa mère poussait de gros soupirs chaque fois qu'il doublait une voiture. Et maintenant, abracadabra ! C'était gentillesse, légèreté, et ça nous fait plaisir de vous voir, et oui, merci, nous avons passé un excellent Noël...

Excellent ? Le seul bon moment avait été l'après-midi du 25, quand John avait offert son cadeau à Laura : une super BD de Blob. Elle lui avait coûté une fortune, mais Blob était le meilleur caricaturiste politique... et le modèle de John. Laura faisait partie des rares personnes qui n'avaient pas ri quand il le lui avait confié. Pourtant, elle n'avait pas paru folle de joie en recevant le livre ; elle l'avait feuilleté rapidement avant de lui poser les questions habituelles : « Tu m'aimes ? », « Qu'est-ce que tu ressens quand je t'embrasse ? »... Ce que John ressentait dans ces moments-là, ce n'était pas facile à exprimer – c'était même inavouable. Il s'était contenté de hausser les épaules et de répondre : « Mmm... j'sais pas. » Laura était devenue glaciale ; il s'était senti complètement idiot. Alors ce soir, il avait pris une grande résolution : il dirait tout ce qu'il fallait et montrerait à Laura à quel point il l'aimait.

— Ça va, mon chéri ?

Sa mère, qui s'était éloignée de Mme Turner, remplit son verre de vin et entreprit de le vider à une vitesse affolante.

— Bof, marmonna John. Maman, c'était à propos de quoi, votre dispute, tout à l'heure ?

Sa mère éluda la question d'un geste.

— Une des petites crises dont ton père a le secret.

— À propos de quoi ?

— Oh, la pression au travail, l'absurdité de la vie, ce genre de choses ! lâcha-t-elle avant d'avaler une longue gorgée de vin. Il fait ça tous les deux ou trois mois... Il s'en remettra.

— Mais je vous ai entendu parler d'un projet...

— Oh, John, ce n'est pas important ! interrompit sa mère avec impatience. Et, de toute façon, tu n'aurais pas dû écouter.

— Avec le boucan que vous faisiez, c'était difficile de ne pas entendre, rétorqua John. Est-ce que... est-ce que ça va toujours bien, entre vous ?

Anona répondit, sans conviction :

— Oui. Ah ! voilà Chitrita ! Il faut que j'aille lui dire un mot.

Et, après avoir rempli de nouveau son verre, elle s'éloigna.

John se mordit la lèvre. Il espérait qu'elle ne lui mentait pas. Son père pouvait être insupportable parfois. Ça, il le savait. Pourtant, depuis qu'il avait décidé de se remettre au sport, John l'emmenait avec lui à la gym, dans l'espoir qu'il cesse de se ridiculiser en sillonnant le quartier en survêtement jaune et violet. Pendant leurs entraînements, ils s'étaient mis à parler – miracle ! Père et fils n'étaient pas d'accord sur grand-chose mais, au moins, ils ne se disputaient plus en permanence.

John s'apprêtait à traverser la pièce pour interroger son père sur ce mystérieux projet quand Laura apparut à côté de lui.

— Salut, John. Tu veux un... euh, je crois que c'est un truc à la crevette, proposa-t-elle en souriant.

Elle lui tendit le plateau de hors-d'œuvre et il oublia aussitôt les disputes de ses parents. Elle était superbe. Elle sentait divinement bon. Il fallait qu'il s'y prenne bien, cette fois.

Tu es charmante, dit-il en silence dans sa tête.

Non, trop niais.

Je suis impatient pour tout à l'heure, essaya-t-il.

Non, trop direct.

Je crois que je suis amoureux de toi, peut-être ?

Non, trop sentimental.

— J'aime bien les crevettes, déclara-t-il.

— Ah, tant mieux, répliqua sèchement Laura. Oh, salut Sumitha !

Alors que John tendait la main vers le plateau, elle retira vivement les hors-d'œuvre et s'éloigna sans un regard en arrière.

« Et voilà, j'ai encore tout fichu en l'air », songea John, dépité. Il jeta un coup d'œil à sa montre. « Plus que deux heures avant l'ouverture de la boîte. À ce moment-là, je lui parlerai. Quand on sera seuls tous les deux. D'ici là, je serai au point. Après tout, on n'est pas à deux heures près. »

« Plus qu'une heure et cinquante-cinq minutes », pensa Sumitha Banerji qui se tenait sagement à côté de ses parents. Elle se demandait pourquoi, alors que tous les autres pères présents portaient une tenue décontractée, le sien avait cru nécessaire d'endosser un costume trois-pièces. Il semblait prêt à prendre la parole dans une réunion d'affaires. Mais bon, inutile de se plaindre : ses parents étaient venus à la réception, c'était l'essentiel. Son père ne connaissait pas le mot « détente ». Il n'aurait jamais permis à sa fille de fêter le nouvel an au *Zig-Zag* sans l'intervention de

Mme Gee. Celle-ci lui avait assuré que tous les autres parents étaient d'accord ; de toute façon, que risquaient-ils avec leurs pères et mères en train de faire la fête juste en face de la discothèque ?

— Sumitha, c'est ta dernière sortie jusqu'à la fin des examens, avait-il annoncé dans la voiture, alors qu'ils se rendaient au *Giga*. Il va falloir que tu travailles beaucoup si tu veux exploiter tout ton potentiel.

Rajiv Banerji avait tendance à s'exprimer comme un bulletin trimestriel.

— L'année dernière, ses résultats ont été excellents, chéri, avait timidement avancé sa mère.

— Elle aurait pu mieux faire, avait insisté son père. Au moins deux de ses B auraient dû être des A.

— Quel est le proverbe déjà... Il faut ménager la morale des troupes ?

— *Le* moral des troupes, avait corrigé Sumitha en riant.

Elle riait beaucoup ces temps-ci. Rien ne pouvait l'abattre, pas même de voir sa mère totalement soumise à son mari, ni l'air désapprobateur de son père quand il avait examiné le pantalon taille basse en lycra noir, ultra-moulant, que Sumitha s'était acheté pendant les soldes. Parce que, dans moins de deux heures, elle serait au *Zig-Zag*. Avec *lui*.

Elle n'avait parlé de Seb à personne. Cette fois, elle ne prendrait pas de risques. Seb était absolument sublime avec ses yeux bleu ciel, ses longs cheveux blonds en bataille et son sourire en coin. Il n'était pas indien, il avait dix-huit ans et il jouait dans un groupe de rock, les Caméléons ; ça faisait trois bonnes raisons de ne pas attirer l'attention de ses parents sur son existence. Et puis, un amour secret, c'était tellement romantique !

— Tu as l'air contente, Sumitha ! lança Laura en présentant un plat de noix de cajou grillées à ses parents. C'est vrai que les gens qui se payent les meilleures notes ont le droit de sourire de temps en temps. À moins que tu ne nous caches quelque chose ?

Sumitha, voyant Rajiv hausser les sourcils, jeta un regard d'avertissement à son amie.

— Bien sûr que non ! répliqua-t-elle vivement.

— Dommage, dit Laura. Tiens, prends une crevette.

Ginny Gee regarda sa montre avec inquiétude, puis la porte d'entrée. Les Farrant étaient en retard ; Barry s'énervait à cause du repas. Monsieur n'avait pas trimé toute la journée en cuisine pour que son plat de résistance soit gâché par les retardataires.

— Je ne sais pas s'il faut commencer ou attendre encore cinq minutes, glissa Ginny à Emily Turner. Je ne voudrais pas avoir l'air impolie, mais, d'un autre côté, si la surprise de Barry est fichue, il va faire la tête jusqu'à Pâques.

Elle jeta un coup d'œil vers la porte de la cuisine. Barry s'agitait frénétiquement derrière le panneau vitré.

— Je devrais peut-être les appeler... dit-elle.

— Je m'en charge, interrompit vivement Emily. Occupe-toi de tes invités, tu es parfaite.

Elle traversa l'entrée en hâte et prit le combiné du téléphone. Après un regard anxieux par-dessus son épaule, elle composa un numéro.

— Emma, monte dans cette voiture et arrête de faire ton cinéma ! Et pour rien, en plus ! gronda Andrew Farrant en ouvrant la porte arrière de sa Volvo.

— Ah ! alors maintenant, mon avenir, c'est rien ? hurla Emma. Ça ne te suffit pas de me gâcher Noël, il faut encore que tu fiches toute ma vie en l'air ! Je ne te laisserai pas faire !

Son père la poussa sans douceur dans la voiture et lui jeta « Attache ta ceinture ! » avant de s'installer derrière le volant. La mère d'Emma, vêtue d'une robe complètement démodée en taffetas bleu, se rongeait un ongle. Elle avait l'air de quelqu'un qui attend chez le dentiste pour se faire arracher une dent.

— Emma, petite fleur... commença-t-elle.

— Ne m'appelle pas petite fleur !

— Pardon. Si on laissait tomber le sujet pour le moment ? Ne gâche pas la soirée, s'il te plaît.

Emma lui jeta un regard furieux.

— Bien sûr ! Vous, vous pouvez bousiller mes chances de devenir actrice, mais moi, il ne faut pas que je gâche votre soirée minable, c'est ça ? D'abord vous m'empêchez de participer au spectacle de Noël au *Royal*, tout ça à cause de stupides exams, et maintenant vous m'annoncez que je ne peux pas faire la nouvelle pub. C'est pas juste !

Emma continua à ruminer sa colère, tandis que son père jurait tout bas chaque fois qu'un autre conducteur le dépassait, et tapotait nerveusement le volant à tous les feux rouges.

Elle fit une dernière tentative :

— Vous pourriez au moins me dire...

— Emma ! Tu arrêtes tout de suite avec ça ! tonna son père, au moment où ils entraient dans la cour du *Giga*. Le sujet est clos. Cette histoire de théâtre a assez duré. Cette année, il n'y a rien de plus important que le brevet[1]. Tu as des examens blancs dans quelques

1. En Angleterre, la fin des études secondaires est sanctionnée par un examen, le GCSE, dont les épreuves s'étalent sur les années correspondant à la troisième et à la seconde. *(N.d.T.)*

jours, et ton bulletin du premier trimestre n'était pas très brillant...

— T'as raison, recommence avec ça !

— ... Et il te faudra des notes décentes pour être admise dans une bonne filière au bac, et...

— Combien de fois faudra-t-il que je te le dise ? Je ne passerai pas le bac ! Je vais m'inscrire dans un cours de théâtre. À Londres. L'année prochaine.

— Pas tant que je serai là, dit son père.

Il tourna le volant pour enclencher l'antivol et ouvrit la portière.

— Ça, grommela Emma dans sa barbe, ça peut s'arranger.

— Et tu es absolument sûre, Margot, que c'est juste la fatigue ? Je veux dire, il n'a pas de fièvre, ou... OK. Bon, approche-le du téléphone pour que je puisse lui parler.

Emily jeta de nouveau un bref coup d'œil par-dessus son épaule et gazouilla :

— Et qui c'est le gentil petit garçon à sa maman, mmm... ? Qui c'est ? Charlie va arrêter de pleurer maintenant et aller au dodo avec Tatie Margot ?

— MAMAN ! Qu'est-ce que tu fais ?

Emily se tourna et vit Laura qui la toisait, les mains sur les hanches.

— La mère de Julie dit que ce n'est pas la peine d'appeler les Farrant, ils sont arrivés, continua sa fille. Mais, apparemment, ce n'est pas ce que tu étais en train de faire, de toute façon. Tu radotes encore avec Charlie, hein ? Franchement, Maman, tu es trop grave.

— Désolée, Margot, faut que j'y aille... Bonne nuit, petit chou mignon.

Emily raccrocha vivement le téléphone.

— J'ai juste appelé pour voir si Charlie s'était calmé. Il a été tellement grognon toute la journée !

— Il doit en avoir marre de t'entendre bêtifier tout le temps, jeta Laura. Tu l'étouffes, cet enfant. Continue comme ça et tu finiras comme la mère d'Emma.

— Je voulais seulement...

— Et il faut que tu arrêtes de parler bébé à Charlie !

Emily poussa un soupir excédé.

— Les bébés aiment bien qu'on leur parle d'une voix chantante, cette intonation les met en confiance... Je l'ai lu dans *Comment j'élève mon enfant*. Et d'ailleurs, je t'ai parlé comme ça, à toi aussi, et on ne peut pas dire que tu aies la langue dans ta poche.

— Moi, répliqua Laura, je m'en suis sortie en grandissant. Et grâce à mes dons exceptionnels.

— Julie, ma douce, viens que je te présente Trudie Lambert !

Sa mère lui passa un bras autour des épaules.

— Maman ! siffla Julie, les dents serrées.

Elle essaya de se dégager, mais Ginny n'y prêta pas attention.

— Trudie, voici ma petite Julie... Julie, je te présente Trudie, la nouvelle directrice de programmation à Radio Leehampton.

« Pourquoi, songea Julie en serrant la main tendue avec un sourire un peu crispé, ma mère a-t-elle besoin de jouer les mères poules devant ses collègues ? Le reste du temps, elle oublie même que j'existe ! »

— Ravie de te connaître, Julie, dit Trudie, qui semblait avoir étalé sur ses joues tout le stock du rayon maquillage de Monoprix. J'ai beaucoup entendu parler de toi.

— C'est ma source d'inspiration. N'est-ce pas, Julie chérie ? insista sa mère. Trudie tient beaucoup à attirer les jeunes auditeurs, tu sais.

Trudie hocha la tête.

— En effet. Il y a beaucoup à faire pour stopper la dégringolade de Radio Leehampton, affirma-t-elle.

Elle tenait toujours la main de Julie.

Ginny rougit.

— Oui, euh, bien sûr, tu as tout à fait raison... Il faut qu'on séduise les jeunes : ce sont les auditeurs de demain ! D'ailleurs, personne à la radio n'a plaidé autant que moi en faveur d'une image plus jeune, plus neuve. N'est-ce pas, Julie chérie ?

Julie acquiesça : c'était visiblement ce qu'on attendait d'elle mais, en fait, elle ignorait totalement de quoi parlait sa mère. Ce qui n'avait rien d'inhabituel, d'ailleurs.

— Oh oui, tout à fait, continua Ginny, enthousiaste. Une image jeune, c'est ce qu'on veut tous.

Elle s'interrompit, réalisant tout à coup ce qu'elle venait de dire.

— Pour ce qui est du contenu, bien sûr. Sinon, rien ne vaut une animatrice expérimentée.

— Oh, je n'en suis pas si sûre, répliqua Trudie, libérant enfin la main de Julie pour prendre une gorgée de vin. Je suis favorable à l'arrivée de nouvelles voix, de nouveaux talents. Mais on aura tout le temps d'en parler la semaine prochaine, pendant la réunion de restructuration.

Ginny se mordit la lèvre.

— De restructuration ?

Trudie acquiesça d'un signe de tête.

Ginny rosit légèrement et affecta un sourire encore plus éclatant.

— Ah, oui... murmura-t-elle. Euh, je prendrai n'importe quel créneau, bien sûr : le matin, la nuit, le dimanche... Tu me connais, je m'adapte à tout.

Julie se balançait d'un pied sur l'autre.

— Oui, bon, laissons ça pour le moment, d'accord ?

conclut Trudie en souriant. Pas la peine de mélanger le travail et le plaisir.

— Tu sais, le travail, pour moi, c'est un plaisir ! lui assura Ginny.

— Oh, non ! marmonna Julie.

Trudie se tourna vers elle.

— Pardon ?

— Bonne année ! dit Julie.

Elle ne comprenait pas pourquoi sa mère tenait tant à parler boulot lors d'une soirée qui était censée être follement joyeuse.

Et qui ressemblait, pour l'instant, à une veillée funèbre.

— Tu es ravissante, lâcha John.

Et il fixa le parquet avec une concentration intense.

Sumitha sembla surprise.

— Ah... merci.

Et dire que seulement quelques mois plus tôt, John lui plaisait tant ! Elle n'en revenait pas. À l'époque, elle n'était vraiment qu'une adolescente immature, avec des préoccupations futiles.

— Ça te va bien, ton... pantalon, là ! lança-t-il. C'est nouveau ?

Il était plutôt content de lui : quelle excellente idée de s'entraîner à draguer avec une fille dont la réaction lui importait peu !

Les yeux de Sumitha s'agrandirent d'étonnement.

— Euh... oui, dit-elle.

Ça devenait inquiétant. John lui avait à peine adressé la parole ces six derniers mois, et voilà que, tout à coup, il menait une enquête approfondie sur sa garde-robe. Elle espérait qu'il n'était pas en train de retomber amoureux d'elle.

— Il fait chaud ici, non ? poursuivit John, qui avait

l'impression de cuire à l'étouffée dans son col roulé noir et sa veste en cuir râpée méga-cool.

« Oh non, pensa Sumitha. C'est vieux comme le monde, ce coup-là. Ça vient juste avant : "Si on sortait prendre l'air un moment ?" Qu'est-ce qui lui prend ? Bon sang, il sort avec Laura, en principe. Comment vais-je m'en débarrasser ? »

Elle allait s'esquiver aux toilettes quand ils entendirent des bruits de chaises. Son visage s'éclaira :

— Oh, regarde ! Je crois qu'on va se mettre à table.

La mère de Julie montait sur une chaise.

— En tout cas, il se passe quelque chose... reprit Sumitha.

Julie agrippa le bras d'Emma et ferma les yeux, horrifiée.

— Oh non ! Qu'est-ce qu'elle va encore faire ?

Sa mère frappait dans ses mains pour réclamer le silence. Sa minijupe prune, ultra-courte et serrée, remontait sur ses collants résille et laissait entrevoir une culotte en dentelle. Ginny ne semblait pas s'en inquiéter le moins du monde. Julie, elle, avait envie de rentrer sous terre.

— Barry et moi, nous sommes vraiment ravis que vous ayez tous pu venir ce soir, déclara Ginny. Les amis de longue date et les nouveaux... (elle adressa un sourire rayonnant à Trudie) les jeunes et les vieux... C'est tellement chouette !

Tais-toi, Maman. Je t'en prie, tais-toi.

— Et maintenant, si vous voulez bien prendre place à table... Barry a une petite surprise pour vous.

Avec un murmure de curiosité, les couples s'avancèrent vers leurs sièges.

— Vous, les enfants... Pardon, les jeunes !...

Ginny lâcha un rire aigu et Julie éprouva subitement l'envie de vomir dans la plante verte la plus proche.

— ... vous êtes tous à la table près de la fenêtre. Ce sera plus amusant de rester entre vous.

Elle parut ravie de s'afficher en mère archi-compréhensive.

— Et maintenant, s'exclama-t-elle, agitant la main en direction de la porte de la cuisine, la Surprise !

Elle ouvrit grands les bras, et sa chemise en soie s'étira dangereusement sur sa poitrine généreuse. La porte s'ouvrit ; tout le monde en eut le souffle coupé. Un joueur de cornemuse s'avança lentement dans la pièce, suivi d'un grand garçon blond et mince portant un plateau d'argent sur lequel trônait une chose qui ressemblait à un ballon de rugby couvert de boue. Barry entra derrière lui, souriant jusqu'aux oreilles ; il brandissait un grand couteau.

— Qu'est-ce qu'il fait là, lui ? s'exclama John, haussant la voix pour se faire entendre malgré les hurlements de la cornemuse.

— C'est mon père, répliqua sèchement Julie. Le patron du restaurant.

— Pas lui, idiote. Simon Stagg, le type avec le plateau.

— Ah ! lui... Il est en stage. Il veut devenir cuisinier.

John hocha la tête.

— Je comprends mieux. Pendant le week-end de classe verte, c'est le seul qui a réussi à préparer un repas comestible sur un réchaud à gaz.

— Il est dans ta classe ? C'est un ami à toi ?

— Pas vraiment, déclara John. Il est un peu chochotte.

La petite procession avait fait le tour de la pièce et s'était arrêtée devant la desserte.

— Oh, je vois... un *haggis* ! Bravo, super-spectacle !

clama une voix qui réussit un instant à couvrir le vacarme de la cornemuse.

Henry Joseph applaudit vigoureusement.

« Tais-toi, Papa », pensa John en jetant un regard gêné à Laura. Heureusement, Laura, bouche bée, ne réagit pas.

— Il a bien dit « haggis » ? glissa Emma à l'oreille de Julie. Rassure-moi, s'il te plaît, il n'a pas dit « haggis » ?

— Qu'est-ce que c'est ? s'enquit Sumitha, à l'instant où l'homme à la cornemuse cessait de jouer.

Des applaudissements éclatèrent.

— Tu veux vraiment le savoir ? demanda Emma.

Sumitha hocha la tête.

— Non, tu ne veux pas le savoir, lui assura Julie. Crois-moi, tu ne *veux* pas. En tout cas, je te jure que je n'étais pas au courant.

— Quelle aventure ! s'exclama Chitrita Banerji. Goûter ce fameux plat ! C'est excitant, n'est-ce pas, Rajiv ?

Sumitha remarqua que son père avait pâli et évitait le regard de Barry.

— Alors, qu'est-ce que c'est ? insista-t-elle en poussant Julie du coude.

— C'est... un-estomac-de-mouton-farci-d'intestins, avoua Julie avec dégoût.

— QUOI ? s'étrangla Sumitha.

— Tu rigoles ? chuchota John.

Julie secoua la tête.

— Désolée. Oh non, quoi encore ?

Son père avait sorti une feuille de papier ; il prit la parole.

— Comme vous le savez tous, la coutume veut qu'on fasse un discours avant de servir le *haggis*...

— Il a complètement pété les plombs, soupira Julie. À votre avis c'est héréditaire, la folie ?

— ... Je vais donc vous lire le poème de Noël de Robert Burns avant de vous inviter à vous joindre à moi pour ce repas de fête.

Il se mit à lire avec un accent mi-Écossais dyslexique, mi-Gallois ivre, puis revint à une intonation plus proche de celle de l'anglais du Nord.

— Super, chéri, interrompit Ginny à la fin de la deuxième strophe en arrachant la feuille des mains de son mari.

— Je n'ai pas fini, protesta Barry.

— Si, affirma sa femme.

Laura tapa sur l'épaule de Julie.

— C'est qui, ça ?

D'un hochement de tête, Laura désigna Simon, qui distribuait des assiettes de *haggis* et de purée de rutabagas.

— Oh, un garçon qui fait un stage avec papa ! répondit distraitement Julie. Il est en première, comme John.

Laura écarquilla les yeux.

— À Lee Hill ? Je ne l'avais jamais vu avant. Comment ça se fait ?

Julie haussa les épaules.

— Vu qu'il y a deux cents élèves en première et que tu es obnubilée par John depuis une éternité, ce n'est pas spécialement étonnant.

Laura soupira.

— Il est canon. Il ressemble à Keats[1].

— Qui ?

— Ton ignorance est désespérante, se lamenta Laura.

Simon s'approcha de leur table avec un plateau chargé d'assiettes.

1. Poète romantique anglais (1795-1821). Son portrait, par Severn, est exposé à la National Portrait Gallery, à Londres. *(N.d.T.)*

— Tout le monde veut du *haggis* ?

— Non, merci ! répondirent en chœur Julie, Emma, John et Sumitha.

— Avec plaisir, répondit Laura, souriante. C'est magnifique.

— Toi aussi, tu es magnifique ! répliqua Simon en lui rendant son sourire avant de poser une assiette devant elle.

John sursauta et renversa du Coca sur son pull. C'était à lui de dire ça ! Pour qui se prenait-il, celui-là ?

— Merci, minauda Laura, la tête penchée.

— Bon appétit... C'était mon idée de servir du *haggis*. Je ne suis pas sûr d'avoir bien fait !

— Oh mais si ! lança Laura, enthousiaste. Je suis folle du... Comment ça s'appelle, tu dis ?

— Le *haggis*, répéta Simon. C'est le plat traditionnel du nouvel an en Écosse. Faut que je file... Je dois préparer la sauce pour le gibier. Tout le repas est sur le même thème.

Emma gémit :

— Heureusement qu'on vit en Angleterre !

Julie repoussa sa chaise et posa sa serviette sur la table.

— Ça a assez duré, décida-t-elle. Venez, on y va.

Sumitha, impatiente, sauta sur ses pieds :

— Oui, allons-y ! Il ne faut pas qu'on soit en retard.

— Bonne idée, acquiesça John.

Il n'avait pas réussi à obtenir de Laura autre chose que des monosyllabes, et il espérait que les lumières tamisées et la musique rythmée du *Zig-Zag* l'aideraient à obtenir son attention.

— Tu es prête, Laura ?

Il lui adressa un regard qu'il espérait engageant.

Laura regarda sa montre.

— La boîte n'ouvre pas avant neuf heures, protesta-t-elle, et il est seulement moins dix... C'est glauque d'arriver là-bas avant qu'il y ait de l'ambiance. D'ailleurs, ajouta-t-elle en finissant sa sauce, on n'a pas eu le dessert.

— Si le dessert est dans le même genre que les deux premiers plats, on ne va pas rater grand-chose, commenta Julie.

À cet instant, Simon apparut avec un grand saladier en verre et tapota l'épaule de Laura.

— Dessert ?

Le plat contenait une sorte de polystyrène ramolli.

— C'est quoi ? demanda John en examinant la chose avec dégoût.

— Un *atholl brose*, dit Simon.

— Pardon ? fit Laura.

— Crème, amandes, flocons d'avoine...

Laura plissa le nez.

— Euh...

— Pas grave, trancha Simon en riant, je ne te force pas. Tu veux que j'aille voir dans la cuisine s'il reste de la salade de fruits ?

— Non, elle ne veut pas ! intervint John.

Il posa une main ferme sur l'épaule de son amie et la poussa vers la porte.

— ... On allait partir. Hein, Laura ?

— Mmm, fit Laura.

Et elle se demanda pourquoi, tout d'un coup, l'idée de rester ici avec une coupe de salade de fruits lui semblait bien plus séduisante.

2

SUMITHA FAIT UNE RENCONTRE DÉCISIVE

— Tu aurais pu veiller à ce que Sumitha s'habille correctement, grogna Rajiv Banerji en regardant sa fille quitter le restaurant.

Sa femme soupira. Elle connaissait bien les idées conservatrices de son mari sur l'éducation des enfants, mais, ces derniers temps, il s'était montré encore plus sévère que d'habitude. Il voulait que Sumitha porte le *shalwar-kameez* [1] et parlait même de contacter les cousins de Sheffield dans l'espoir de lui trouver un mari convenable.

— Elle n'a que quinze ans ! avait protesté Chitrita, la veille, quand il avait à nouveau abordé le sujet. D'ailleurs, nous nous sommes mis d'accord : elle fera un mariage d'amour. Les mariages arrangés...

— Les mariages arrangés, avait répliqué Rajiv, ont beaucoup d'avantages. Épouser quelqu'un de son milieu...

— L'amour aussi a beaucoup d'avantages, avait murmuré Chitrita.

— Oui, bien sûr, et je ne la forcerai jamais à épouser un homme qu'elle ne pense pas pouvoir aimer et respecter. Mais ça ne peut pas faire de mal d'y réfléchir

1. Habit traditionnel indien. *(N.d.T.)*

à l'avance. Après tout, quand nos parents ont décidé de nous marier, tu n'avais que douze ans !

Chitrita avait acquiescé.

— Et ça n'a pas été si terrible que ça, non ? avait-il questionné plus doucement.

Elle lui avait pressé la main.

— Bien sûr que non.

Et c'était vrai. Malgré tout, il arrivait à Chitrita de se demander si elle n'aurait pas aimé avoir plusieurs petits amis, expérimenter différentes manières de s'habiller – être une adolescente, et non une future épouse.

— Rajiv chéri, avait-elle repris, nous avons eu de la chance avec Sumitha. C'est une bonne fille ; elle travaille dur, elle est obéissante.

Rajiv avait lentement hoché la tête.

— Au moins, avait-il concédé, elle est sortie de sa période garçons. Elle a retrouvé ses esprits. Nous n'aurons plus de problèmes de ce côté-là.

Chitrita sourit. Si c'était ce qu'il voulait croire... cela rendrait la vie à la maison plus facile. Pour un temps, du moins.

Il n'était pas là. Mais il allait venir. L'affiche, dehors, l'annonçait : « *Soirée du nouvel an – avec un nouveau groupe de Leehampton, les Caméléons*. » Il l'avait regardée avec ses incroyables yeux bleu pâle et lui avait dit : « T'as intérêt à venir ! », comme si sa présence était réellement importante pour lui.

Sans l'extraordinaire intolérance de son père, Sumitha n'aurait jamais rencontré Seb. Le premier jour des vacances, ses parents avaient invité quelques amis à dîner. En cette occasion, les chambres de Sumitha et de Sandeep devaient être aussi nettes qu'un bloc opératoire. Et puis, une heure avant qu'ils arrivent, le père de Sumitha avait regardé par la fenêtre du salon.

— Bon sang, qu'est-ce que c'est que ça ? s'était-il exclamé, si affolé que sa femme avait abandonné le *badami murghi* qu'elle préparait et s'était précipitée dans la pièce.

— C'est une camionnette, chéri, avait-elle répondu.

— Mais elle est garée devant mon allée !

— *Notre* allée, avait corrigé Chitrita. Inutile de faire des histoires, Rajiv, je suis sûre qu'elle va être déplacée d'une minute à l'autre.

Sumitha, occupée à se mettre du vernis à ongles doré, avait entendu les échos de leur discussion ; elle était entrée en sautillant, les doigts de pied maintenus écartés par des morceaux de mousse.

— Qu'est-ce qui se passe ?

— Je me le demande ! avait tempêté son père, qui tournait comme un ours en cage devant la fenêtre, indice très net que le pire était à venir.

Il avait gesticulé en désignant la rue :

— Regarde-moi ça !

Une antique décapotable jaune canari était en train de se garer derrière la camionnette. Le dernier tube de Moby s'en échappait à un volume assourdissant.

Rajiv s'était dirigé vers la porte.

— C'est censé être un quartier tranquille, ici ! Je vais régler ça.

— Papa, attends ! avait supplié Sumitha. C'est pas la peine de te plaindre des préjugés racistes si tu cries sur les gens sans les laisser s'expliquer.

Elle avait retiré les séparateurs en mousse et glissé délicatement ses pieds dans ses chaussures.

Son père s'étant immobilisé un instant, elle en avait profité pour foncer vers la porte d'entrée.

— Je vais leur expliquer qu'on attend des invités et leur demander de déplacer les voitures. OK ?

— Eh bien, je...

— Excellente idée, Sumitha, avait répondu sa mère en poussant un soupir de soulagement. Sois polie, chérie. Tu veux que je t'accompagne ?

— Oui, je veux bien.

Sumitha avait ouvert la porte.

De la décapotable était sorti le garçon le plus renversant du monde.

— Finalement, s'était ravisée Sumitha, ce n'est pas la peine. Je vais me débrouiller.

À présent, au bord de la piste de danse, Sumitha s'efforçait d'adapter sa vue à l'éclairage tamisé, en évitant d'avoir l'air de chercher quelqu'un. La discothèque s'étendait sur deux niveaux ; des écrans géants placés en hauteur révélaient ce qui se passait à l'étage. Mais la jeune fille ne trouvait pas le garçon. Pourtant, il était difficile de le rater... Il avait une merveilleuse voix rauque, avec un soupçon d'accent qu'elle ne parvenait pas à définir. Le jour du dîner, alors qu'elle filait dans l'allée pour éviter que son père ne fasse une scène, sa voix l'avait arrêtée dans sa course.

— Salut ! avait-il lancé, souriant, en repoussant une mèche folle qui lui tombait devant les yeux. T'es avec nous ?

Sumitha avait ralenti et s'était mise à marcher avec classe, du moins l'espérait-elle. Un son étouffé était sorti de sa bouche.

— Euh...

— Génial. Moi, c'est Seb. Seb Gundersen. Et toi ?

— Sumitha Banerji. Mais, en fait...

— Joli nom, très musical. Tu veux bien m'aider à sortir la batterie ?

Il avait désigné l'arrière de la décapotable, où s'entassaient des instruments.

— Ben, le problème, c'est que je...

Il avait rabattu le siège du conducteur vers l'avant et s'était penché à l'intérieur de la voiture. Son Levis noir s'était tendu sur ses hanches minces. Sumitha ne pouvait pas en détourner les yeux.

— ... Oui, bien sûr, avait-elle dit.

Les battements de son cœur avaient doublé dans la minute.

Elle avait jeté un coup d'œil vers la maison. Son père, raide comme un piquet, tapait du poing sur la vitre.

— Écoute, avait-elle repris, il y a un petit problème. Mon père fait une crise parce que vous bloquez notre allée. Vous ne pourriez pas vous déplacer un peu ? Je sais qu'il est casse-pieds, mais...

Seb s'était redressé, surpris.

— On n'est pas chez Ted Reilly, ici ?

Il avait froncé les sourcils – ce qu'il était sexy !

Sumitha avait secoué la tête et désigné une maison plus loin dans la rue.

— Ils habitent « Les Peupliers », à cinq numéros d'ici.

— C'est pas la bonne maison, Ross, elle est plus loin ! avait crié Seb au conducteur de la camionnette.

Celui-ci avait claqué la portière et le véhicule s'était éloigné dans la rue. À la fenêtre, M. Banerji avait manifesté son approbation d'un signe de tête et disparu.

— Je savais bien que c'était une espèce d'arbres, avait dit Seb. Quand j'ai vu le houx sur votre portail, j'ai pensé que c'était là. D'habitude, on répète à la fac, mais pendant les vacances on doit trouver un autre endroit. Et comme les parents ne sont pas très compréhensifs...

— M'en parle pas, avait grommelé Sumitha.

— Alors... t'es pas avec nous ?

Sumitha avait secoué la tête.

— Qui c'est, *nous* ? avait-elle risqué tandis qu'il rangeait une cymbale dans la voiture.

— Les Caméléons, avait-il annoncé fièrement. On sera bientôt les plus grandes rock stars du monde occidental. Enfin, du centre de l'Angleterre, en tout cas ! avait-il ajouté avec un petit rire enroué.

— Génial ! Vous jouez quoi ?

— Un peu de tout. Des trucs cool, un peu pop, et Ted nous écrit aussi des morceaux de rap, plus funky.

Il s'était assis et avait mis le contact.

— Hé ! on donne notre premier vrai concert le soir du nouvel an. Au *Zig-Zag*. Tu connais ?

Sumitha avait hoché la tête, excitée.

— Super. Tu viendras alors, d'accord ? Amène tes copines. On est plutôt bons.

— J'essaierai, promit Sumitha.

Elle avait aussitôt décidé qu'elle irait au concert même si, pour ça, elle devait ligoter son père et l'enfermer dans les toilettes.

Seb avait dégagé la voiture du trottoir.

— T'as intérêt à venir ! avait-il conclu en souriant. Salut, Sumitha !

Avec un signe de la main, il avait disparu dans le virage.

Il avait prononcé son nom correctement. La plupart des garçons qui n'étaient pas indiens l'appelaient Sumatra ou Suminder, ou bien ils abandonnaient, tout simplement, et l'appelaient Sue, ce qu'elle détestait. Seb, lui, avait réussi du premier coup.

Une voix qui lui criait dans l'oreille la ramena au présent.

— Sumitha, qu'est-ce que tu fabriques ? hurla Julie en la poussant du coude. Ça fait cinq minutes que tu es là, comme une âme en peine. On a récupéré une table près de la scène... Comme ça, on pourra mater les beaux mecs.

— J'arrive tout de suite, dit Sumitha.

« Et si on doit mater, je ne serai pas la dernière. »

3

JOHN SE JETTE À L'EAU

Laura tapait du pied au rythme de la musique ; elle avait envie que John cesse de discuter avec ses copains et l'invite à danser.

— Hé, Emma, lança-t-elle, tu fais une de ces têtes ! Rob te manque ? Quand est-ce qu'il revient du ski ?

— Demain, marmonna Emma.

Julie se laissa retomber sur son siège.

— C'est pour ça que tu as l'air furax ? la taquina-t-elle. Stresse pas ! Tu vois ce garçon en treillis, là-bas ? Il n'arrête pas de te regarder !

— Il y en a qui pensent à des choses plus importantes qu'à draguer tout ce qui bouge ! rétorqua Emma.

Elle jeta un regard noir à Julie.

— Désolée ! fit Julie, avec un sourire ironique.

Emma soupira.

— Pardon, je ne voulais pas t'agresser. Je suis juste *tellement* furieuse !

— Qu'est-ce qui ne va pas ? demanda Laura.

— Les parents ! cracha Emma. T'imagines pas l'horreur, ces trois dernières semaines. Tout ça à cause de ces stupides examens blancs...

— Oh, je vois ! grogna Julie. Ils t'ont balancé que « si tu consacrais autant de temps aux révisions que tu en passes au téléphone, tu arriverais peut-être à quelque chose dans la vie » ?

— Et qu'« il faut avoir les pieds sur terre » ? renchérit Laura.

Emma leva les yeux au ciel.

— C'est ça ! Ils me harcèlent jour et nuit, ou presque ! Même ce soir, ils n'ont pas pu s'en empêcher : ils n'ont pas arrêté de répéter que je dois avoir de bonnes notes au brevet pour pouvoir choisir une bonne filière au bac, et patati et patata...

Laura fronça les sourcils.

— Mais tu disais que tu ne voulais pas passer le bac ! Tu voulais faire une école de théâtre !

— Exactement ! Toi, tu le sais, moi, je le sais. Mes parents, par contre, ne sont pas fichus de comprendre une chose aussi simple. Ils ne sont même pas cohérents. Ils me répètent tout le temps que c'est difficile de trouver du travail, [et] bla-bla-bla, et quand j'ai l'occasion de tourner dans une pub, ils refusent ! Tout ça parce qu'ils ont peur que je sacrifie mes études. Bizarre, non ?

— C'est invraisemblable, accorda Julie. Je suppose qu'on perd l'esprit logique après quarante ans. Les miens aussi sont graves. Hé, regarde, il vient par ici !

Elle donna un coup de coude à Emma.

— Plutôt mignon, tu ne trouves pas ?

— Pas mon genre, murmura Emma.

Elle décroisa les jambes et tira sur sa jupe.

— Parfait, dit Julie. Alors je le prends.

Sumitha – après avoir traversé la foule de filles agglutinée le long de la scène – posa son verre sur la table.

— Tu prends qui ? demanda-t-elle à Julie.

— Ce mec sexy, là, avec les longues jambes... expliqua la jeune fille.

Elle le désigna d'un mouvement de la tête, tout en examinant de près ses ongles, au cas où il regarderait de son côté : elle ne voulait pas paraître trop intéressée.

Il était vraiment canon. Grand et mince, avec une masse de cheveux indisciplinés qui lui tombaient sur l'œil gauche. Il plissait le front ; sans savoir pourquoi, Julie l'imagina tout à coup la tête posée sur son épaule.

— Le voilà !

Sumitha – qui venait de pousser ce cri – avait bondi de sa chaise. Elle passa devant Julie – renversant du même coup tous les verres qui se trouvaient sur la table – et s'avança d'un pas nonchalant vers le superbe garçon au sourire charmeur.

— Salut, Seb !

— Regardez ça ! murmura Julie en s'écartant de la table pour éviter le flot de Coca qui coulait vers elle.

Sumitha ne se reconnaissait pas : en temps normal, jamais elle n'aurait engagé la conversation avec un garçon qu'elle connaissait à peine. Mais si elle avait attendu que Julie lui mette le grappin dessus, elle aurait perdu toutes ses chances.

— Salut, Seb, comment ça va ? répéta-t-elle en haussant la voix pour se faire entendre.

Elle espérait paraître plus sûre d'elle qu'elle ne l'était en réalité.

— Oh, Sumitha !

Julie resta bouche bée : Seb souriait et saluait Sumitha d'un coup de poing amical dans l'épaule.

— Tu es venue... Génial !

D'abord fixé sur les cheveux noirs, lisses et brillants de Sumitha, le regard de Seb descendit le long de sa fine silhouette, puis remonta.

— Tu es superbe, remarqua-t-il. Tu veux venir dans les coulisses, pour rencontrer les autres ? On passe dans vingt minutes, on a juste le temps.

— Cool, dit Sumitha.

Elle remarqua avec plaisir l'expression ahurie de ses amies.

— C'est qui ? souffla Laura.

— On s'en fiche, soupira Julie, tout ce que je sais, c'est que Sumitha le tient. La vie est trop injuste !

« Bon, pensa John. C'est le moment. » Il but son soda jusqu'à la dernière goutte et prit une profonde inspiration.

— On danse ? proposa-t-il à Laura.

— D'accord, fit Laura, avec un peu moins d'enthousiasme qu'il ne l'aurait souhaité.

« Ça semble si facile à la télé, pensa-t-il en bougeant en rythme. Tu regardes la fille dans les yeux, tu dis un truc cool, elle fond dans tes bras et tu l'embrasses. Ça ne doit pas être si difficile, les séries télé sont censées être réalistes, après tout ! »

Il déglutit et s'efforça de regarder Laura avec un mélange de tendresse et de fermeté virile. Malheureusement, elle avait les yeux fermés. Et si c'était bon signe ? Ça signifiait peut-être qu'elle était transportée par la passion ?

Il jeta un coup d'œil à l'un des écrans géants, qui montrait un couple enlacé. Le garçon faisait descendre ses mains le long du dos de la fille.

« Bonne idée », pensa John. Il se rapprocha de Laura et lui passa les bras autour du cou. Elle avait toujours les yeux fermés ; un léger sourire apparut sur ses lèvres. Il descendit les mains le long de son dos. Elle sourit vraiment et lâcha un petit soupir. Ça marchait. Il s'y prenait bien.

— Tu sens super bon, Laura, murmura-t-il en frôlant des lèvres le lobe de son oreille gauche.

— Mmm ? fit Laura.

— C'est chouette, non ? dit-il.

Puis il regretta sa remarque – ça ne faisait pas cool du tout.

— Je veux dire, être proches, c'est... euh... tu comprends ?

Laura hocha à peine la tête.

Il voulait qu'elle ouvre les yeux. Il avait envie de l'embrasser. Il s'efforça de prendre une voix sexy :

— Regarde-moi.

« L'ennui, c'est que je n'ai pas envie de te regarder », pensa Laura.

La chanson arrivait à sa fin. Ça devenait urgent.

— Laura, regarde-moi ! insista-t-il, désespéré. S'il te plaît !

Très lentement, à contrecœur, Laura ouvrit les yeux. John se pencha en avant, prit une profonde inspiration et l'embrassa.

Elle regretta aussitôt de lui avoir obéi : les yeux fermés, elle aurait pu imaginer plus facilement qu'elle était dans les bras de Simon.

Emily se mordit la lèvre inférieure et regarda l'horloge avec inquiétude.

— Tu ne crois pas que je devrais rappeler une dernière fois ? Ça le perturbe tellement de faire ses dents et...

— Oh, bon sang, Emily ! s'écria Melvyn.

Il croisa le regard désapprobateur de Claire Farrant et baissa le ton :

— Charlie est tout à fait en sécurité avec Margot. Elle a eu quatre enfants.

— Je sais, je sais, mais parfois elle prend les choses à la légère et...

— Elle ne prend pas les choses à la légère. Simplement, elle n'est pas névrosée comme toi, coupa Melvyn.

Devant l'expression d'Emily, il regretta aussitôt sa réflexion.

— Je suis désolé, chérie, mais ça fait une éternité qu'on n'a pas eu une soirée à nous, et j'aimerais bien qu'on puisse parler un peu d'autre chose que de Charlie.

Ginny Gee se précipita vers eux, une bouteille de vin à la main, et remplit leurs verres.

— Que se passe-t-il avec Charlie ? demanda-t-elle. Comment va cet adorable petit chou ?

— Eh bien, il est un peu grognon aujourd'hui, confia Emily. Au fait, tu sais quoi ? Hier, il a réussi à...

— Excusez-moi, siffla Melvyn, les dents serrées.

Il repoussa sa chaise et se leva. Il gagna la table voisine, où Barry Gee et Henry Joseph échangeaient des blagues.

— Barry, interrompit Melvyn, est-ce que tu trouves que les premières dents, c'est un sujet de conversation passionnant ?

— Non, répondit Barry, perplexe.

— Henry, reprit Melvyn, veux-tu passer les vingt prochaines minutes à comparer les mérites de quatre marques différentes de nourriture pour bébé ?

— Certainement pas, répliqua Henry.

— Bien, approuva Melvyn. Dans ce cas, puis-je me joindre à vous ?

« Rester assise toute seule quand toutes tes copines sont en train de danser et de papoter, c'est la honte totale », pensa Julie, qui sirotait une limonade en essayant de paraître indifférente.

Emma et elle avaient tenté une brève incursion sur la piste, mais Grant Nisbet, un élève du lycée, avait rejoint Emma et elle avait disparu avec lui dans la foule. Julie devait bien admettre que Warren Timbrell s'était, disons, agité devant elle pendant un moment. Malheureusement, chaque fois qu'il donnait un coup de poing en l'air (totalement ridicule), il devenait évident qu'il ne connaissait pas le déodorant, et comme parler n'était apparemment pas son fort non plus, elle avait battu en retraite à la première occasion.

Elle était prête à se réfugier dans les toilettes quand une silhouette familière lui fit signe et se faufila parmi les danseurs pour la rejoindre.

— Salut, Julie ! Ça fait une éternité que je ne t'ai pas vue ! Comment va la vie ?

Une grande fille aux cheveux blonds décolorés coupés court la serra dans ses bras. Elle portait une couche épaisse de rouge à lèvres doré, et son fard à paupières couleur sable ne masquait pas les cernes sombres qu'elle avait sous les yeux.

— Bex ? C'est toi ! Waow, t'as changé !

La dernière fois que Julie l'avait vue, Bex Bayliss avait les cheveux noir corbeau coiffés à l'iroquoise. Bex avait un an de plus que Julie ; à Lee Hill, elle avait été la rebelle du lycée. Julie, au cours de sa « mauvaise période », comme disait son père (selon elle), était devenue copine avec Bex et sa bande ; Bex séchait les cours et se comportait, il fallait l'admettre, de façon stupide. Mais le soir où un garçon de la bande avait fait des avances pressantes à Julie, lui causant la peur de sa vie, c'était Bex qui l'avait consolée et aidée à comprendre que son existence n'était somme toute pas si épouvantable. Bex avait quitté Lee Hill après son échec au brevet ; Julie ne l'avait pas vue depuis des mois.

— Viens, assieds-toi, proposa Julie, ravie d'avoir quelqu'un à qui parler.

— C'est cool de te revoir, lança Bex, rayonnante, en s'affalant sur une chaise. Alors, quels sont les ragots ? T'es toujours au lycée ? Et le brevet ?

— L'horreur, grogna Julie.

— Eh bien, au moins, tu risques pas de tout rater comme moi, répliqua Bex en tripotant une de ses boucles d'oreilles. Ce que j'ai été bête ! Je n'ai eu que l'anglais et le dessin, j'ai dû repasser des tas de matières.

Julie la contempla avec stupéfaction. Elle avait toujours cru que Bex était le genre de fille à se moquer éperdument des diplômes.

— Je vis à Londres, maintenant... J'ai un studio génial et, devine quoi ? Je suis esthéticienne.

— Super ! s'exclama Julie, admirative. Mais alors, qu'est-ce que tu fais dans ce bled un soir du nouvel an ?

Il lui semblait très branché de proclamer qu'il n'y avait rien de plus nul qu'une soirée au *Zig-Zag*.

Bex soupira.

— Je suis rentrée à la maison pour Noël, et Ricky... c'est mon petit frère... eh bien, il m'inquiète. Alors je suis revenue ce week-end pour voir comment il va.

Elle rongea un de ses ongles vernis.

— Qu'est-ce qu'il y a ?

Bex secoua la tête :

— Oh, rien... C'est juste que...

— Oui ?

— Ma mère le bat un peu. Elle le faisait avec moi aussi, mais moi, je savais me prendre en charge. Ricky est différent... Il est très timide et plutôt solitaire.

Julie avala sa salive avec difficulté. Que dire ? Comment une mère pouvait-elle battre ses enfants ? C'était affreux.

— Enfin, reprit Bex avec une gaieté excessive, comment va la vie, pour toi ?

— La vie ? Quelle vie ? demanda Julie, ravie de changer de sujet. Lycée, travail, révisions, examens, sales remarques à cause des mauvaises notes, re-lycée, travail, révisions... etc., etc.

— Bah, plus que deux trimestres. Après, c'est la liberté !

Julie fronça les sourcils.

— Encore deux ans et demi, plutôt, rectifia-t-elle.

— Seulement si tu en as envie. Tu n'es pas obligée de continuer.

— Non... mais, euh, tout le monde va jusqu'au bac.

— Pas moi. Personne ne peut te forcer, une fois que t'as seize ans. Il y a un monde hors de Leehampton, Julie. Et, crois-moi, c'est bien plus excitant que le lycée. Moi, je m'éclate : deux jours par semaine à la fac, quatre jours à l'institut de beauté... et puis je sors tout le temps !

Elle bâilla.

— Alors, c'est quoi, ce nouveau groupe dont tout le monde parle ? demanda-t-elle joyeusement. Bien sûr, à Londres, je vais à des tas de concerts... Celui-là sera sûrement naze.

« Sûrement, pensa Julie. Comme tout ce qui se passe à Leehampton. »

— OK, les gars, encore une chanson et c'est à vous !

Le patron de la discothèque donna à Seb une tape dans le dos et se tourna vers Sumitha.

— Vous êtes la chanteuse ?

Sumitha écarquilla les yeux.

— Moi ? Oh, non, non... Je suis juste...

— Elle est avec moi, interrompit Seb, d'un ton si ferme que les jambes de Sumitha devinrent aussitôt molles comme de la gelée.

— La plus jolie groupie que j'aie vue depuis longtemps, affirma le patron en souriant.

Il jeta un coup d'œil à sa montre.

— Bonne chance, les gars... Montrez-leur ce que vous avez dans le ventre !

— J'ai la bouche toute sèche, gémit Ted, le guitariste, qui, bien qu'en première année de fac, semblait avoir seize ans.

— Oh là là ! j'ai la trouille ! grogna Ross.

Quand le son de *Can't Get You Out Of My Head* faiblit, le DJ s'épongea le front et le patron de la discothèque monta sur scène.

— Bonne chance ! murmura Sumitha.

— Merci, souffla Seb. Je te retrouve plus tard... Tu me diras ce que tu en penses.

« Je pense, songea Sumitha en descendant au pas de course l'escalier qui bordait la scène pour regagner sa place, je pense que tu es le garçon le plus canon, le plus sublime que j'aie jamais rencontré. Je pense que si je ne te revois pas, je vais mourir. Je pense que c'est le plus beau jour de ma vie. »

Elle s'affala sur son siège en soupirant. Les autres attendaient impatiemment que le groupe entre en scène.

— Maintenant, pour la toute première fois au *Zig-Zag*, voici trois garçons du coin qui ont une pêche aussi contagieuse qu'un rhume des foins. Ils sont cool, ils font de la pop... Voici les Caméléons !

Sous un tonnerre d'applaudissements, le groupe entra en scène et entama son premier morceau.

— C'est le type à qui tu parlais ! s'étrangla Julie.

— Oui, dit Sumitha. Je le connais.

— Tu le *connais* ? Comment ça se fait ? s'enquit Julie, comme si Sumitha venait d'annoncer que le Premier ministre était son ami intime.

— On s'est rencontrés... lâcha Sumitha, énigmatique.

— Ils sont bons, déclara Bex d'un ton approbateur après quelques minutes.

— Je sais, fit Sumitha.

Elle paraissait aussi fière que si elle s'était personnellement chargée de les former pour en faire des stars.

— Ce batteur est sensationnel, marmonna John.

— C'est Seb, précisa Sumitha d'un ton suffisant.

— Et ce mec rêveur à la guitare, il est à croquer ! s'exclama Emma.

— C'est Ted, l'informa Sumitha.

— Il est tellement mignon ! souffla Emma en rapprochant sa chaise de la scène. Tu les connais tous, vraiment ?

— Oh oui, déclara Sumitha d'un ton dégagé. Super bien.

4

LAURA FILE À L'ANGLAISE

Laura jeta un coup d'œil à l'horloge au-dessus du bar. Onze heures. Si elle ne se décidait pas rapidement, il serait trop tard. Certes, elle n'aurait pas dû être en train de penser à Simon, pas tant que John la serrait dans ses bras en lui déclarant qu'elle était mignonne. Elle essayait de l'oublier et de se concentrer sur les baisers de John. Mais ça ne marchait pas. Elle ne ressentait rien. Tout en tripotant distraitement une de ses mèches bouclées, elle imagina ce qu'elle éprouverait si c'était la joue de Simon qui était collée contre la sienne.

— Il fait drôlement chaud, non ? dit-elle à John en se passant la main sur le front. Ça ne t'ennuie pas si je m'assieds un moment ?

— Non, bien sûr... Tu veux quelque chose à boire ?

Laura fit signe que oui, puis se ravisa. S'il allait lui chercher à boire, il serait au bar, et elle devait passer par là pour gagner la porte.

— Non, ça ira... Dis, pourquoi tu n'invites pas Julie à danser ? Elle est restée un peu en dehors du coup ce soir.

John acquiesça.

— Tu es vraiment une fille sympa, tu sais !

Laura se sentit coupable.

— Du moment qu'on passe le reste de la soirée ensemble... insista John.

Laura se sentit encore plus coupable.

— Mmm, marmonna-t-elle.

Et elle se demanda ce qu'elle ferait si la première partie de son plan fonctionnait.

Le patron bondit sur scène et se joignit avec enthousiasme aux applaudissements frénétiques du public.

— C'était... les Caméléons ! À mon avis, ces trois-là sont en route pour les sommets ! N'oubliez pas : la première fois que vous les avez entendus, c'était au célèbre *Zig-Zag* !

Les trois garçons levèrent le poing en l'air ; Ted et Ross agitèrent leur guitare. Les acclamations s'amplifiaient. Ils coururent vers le bord de la scène et sautèrent au milieu du public.

— Oh, mon Dieu ! Ils viennent par ici !

Emma donna un coup de coude à Sumitha.

— Il me regarde ?

— Qui ? demanda Sumitha en fronçant les sourcils.

— Le canon... Ted, celui qui joue de la guitare, insista Emma. Ne regarde pas !

— Emma, commença Sumitha avec une patience feinte, si je ne peux pas jeter un coup d'œil, je ne saurai pas s'il te regarde ou non.

— Et maintenant, lança le patron, notre DJ habituel, Spike Shayler, va nous accompagner jusqu'à minuit. Les Caméléons reviendront ensuite pour fêter la nouvelle année !

Tandis que le DJ lançait une chanson, les garçons prirent des verres de panaché sur une table et avalèrent de longues gorgées. Une foule d'adolescents se pressa autour d'eux. Un homme aux cheveux d'un roux flamboyant, avec une chemise verte et une veste bleue, prit Ted par le bras et lui parla avec ardeur ; il sortit des feuilles de papier de sa poche intérieure et les agita.

— Il est tellement mignon ! souffla Emma, les yeux fixés sur le visage poupin de Ted.

— Tu veux danser, Julie ? demanda John.

— Pourquoi pas ? dit Julie.

Elle commençait à en avoir assez de voir ses copines s'extasier. D'autant qu'elle n'avait personne à adorer sous la main.

— Toi, tu les connais, dit Emma tout excitée à Sumitha. Tu vas leur parler, je te suis et tu me présentes Ted.

— OK, accepta Sumitha, fière d'être la seule dans le coup.

Elles se faufilèrent parmi la foule jusqu'à l'endroit où se trouvaient Seb, Ted et Ross. Ils avaient l'air abasourdis.

L'homme à la veste bleue était encore avec eux. Sumitha l'entendit déclarer :

— C'est à vous de voir, les gars. Vous pouvez foncer ou vous dégonfler... mais il faut vous décider rapidement. Pigé ?

— Pigé ! lancèrent les musiciens en chœur.

Ils avaient l'air de trois gosses qui ont découvert que Noël a lieu deux fois dans l'année.

— Vous avez été géniaux, murmura Emma.

Personne ne parut l'entendre.

— Foncer pour quoi ? demanda Sumitha.

Seb secoua lentement la tête, comme pour reprendre ses esprits.

— Le Concours des Groupes, expliqua-t-il.

— Le quoi ?

— C'est un festival de concerts pour les nouveaux groupes... un truc super-prestigieux. On a envoyé une cassette de démo il y a une éternité, juste pour rigoler en fait, et ce type fait partie du comité de sélection. Il pense qu'on sera pris pour l'épreuve régionale des Midlands.

— Seulement, il trouve qu'on ne se lâche pas assez sur scène, ajouta Ross.

— Alors on va se lâcher ! déclara Ted d'un ton décidé.

Ross ne semblait pas convaincu.

— Ça peut vraiment nous ouvrir des portes, ajouta Seb avec enthousiasme, en haussant le ton pour se faire entendre dans le vacarme du dernier rap à succès. Des contrats d'enregistrement, des premières parties avec des grands noms... tout ça.

— Mais il faut avoir quelque chose de spécial pour arriver quelque part, dit Ross.

— Vous avez ce « quelque chose », insista Sumitha. Vraiment.

— Tu le penses sérieusement ? interrogea Ted en plissant le front, l'air inquiet.

— Si je le pense ? Vous êtes ce qu'il y a de mieux dans votre style, affirma-t-elle, espérant passer pour une experte en musique. N'est-ce pas, Emma ?

Elle donna un coup de coude à son amie. Emma, bouche ouverte, contemplait Ted.

— Je vous présente Emma, dit Sumitha. Croyez-le ou pas, il y a des moments où elle arrive à articuler quelques mots.

Emma lui jeta un regard noir.

— Alors, on le fait ? demanda Seb.

— Tu parles ! s'exclama Ted.

— OK, dit Seb d'un ton décidé. Allons prendre un autre verre et réfléchir sérieusement. On vous retrouve après minuit, les filles !

— Nous devons partir à minuit pile... Nos parents...

Emma s'interrompit brusquement quand la chaussure de Sumitha lui écrasa l'orteil.

— Stresse pas, répliqua Seb en haussant les épaules.

Les trois garçons s'éloignèrent.

— Ça, grogna Sumitha, ce doit être le truc le moins cool que je t'aie jamais entendu dire. Tu as fait comme si notre vie entière était régie par ce que nos parents nous ordonnent.

— Malheureusement, observa Emma, c'est le cas.

5

JULIE SE SENT HORS DU COUP

Laura frissonna dans l'air glacial. Elle n'avait pas voulu risquer d'attirer l'attention sur son départ en prenant son manteau et, bien que le *Giga* soit juste en face du *Zig-Zag*, quand elle atteignit la porte, elle claquait des dents.

Elle se retrouva avec soulagement dans la chaleur de l'entrée et gagna la porte marquée « Bar et Restaurant ». Là, elle s'arrêta. Quand, tout en dansant avec John, elle avait mis au point un moyen de revoir Simon, elle n'avait pas réfléchi à ce qui se passerait entre le moment où elle quitterait le *Zig-Zag* et l'instant où le visage de Simon, en la voyant, s'illuminerait d'une joie émerveillée. Elle avait encore moins prévu de rencontrer un obstacle sur sa route avant même d'entrer dans la salle : le père de John !

Henry Joseph, tournant le dos à Laura, était en pleine conversation avec le père d'Emma. Ou plutôt, il parlait tout seul : Andrew Farrant ne faisait qu'ouvrir et fermer la bouche de temps en temps, sans arriver à en placer une.

— Alors je lui ai annoncé tout de suite. On ne peut pas remettre éternellement ce genre de choses à plus tard, n'est-ce pas, mon vieux ? lança M. Joseph d'une voix tonitruante. Tu aurais fait pareil à ma place, non ?

— Euh, eh bien... je suppose...

— Bien sûr, il n'y a pas de doute là-dessus. Vu ce que tu t'apprêtes à faire, tu penses à l'avenir, non ?

Laura se mordit la lèvre. Si elle passait devant M. Joseph, il lui demanderait ce qu'elle faisait là et où était John ; avec une voix pareille, il ameuterait tout le monde et alors, plus question de passer inaperçue ! Elle avait besoin d'une très bonne excuse pour justifier sa présence ici – et d'une excuse encore meilleure pour entrer dans la cuisine.

— C'est vrai, dit Andrew Farrant.

Henry changea de position et se tourna vers l'entrée. Laura se réfugia vivement derrière le porte-manteau et souhaita de toutes ses forces qu'ils se taisent et s'en aillent.

— Il faut changer pour évoluer, poursuivit M. Farrant.

— C'est exactement mon sentiment ! beugla Henry. Anona, ça lui échappe, tu vois. Elle reste figée sur ses positions... Typique des femmes : tout en émotion, aucune logique.

« Il se prend au sérieux, cet abruti ! » pensa Laura.

— Claire est pareille, renchérit Andrew. Mais maintenant qu'on a décidé d'avoir un autre enfant, elle ne pense plus qu'à ça.

Laura faillit s'étrangler. Emma savait-elle qu'elle allait être grande sœur pour la quatrième fois ? Ça paraissait bizarre que Mme Farrant souhaite en passer par là, une fois de plus : vomir, grossir, changer les couches... Visiblement, M. Joseph partageait l'opinion de la jeune fille :

— Pour moi, il est hors de question de recommencer. Je ne pourrais pas supporter une nouvelle fois ces années d'adolescence... Ces gamins n'ont pas conscience du stress qu'ils nous infligent.

« *Nous,* nous sommes responsables de votre stress ?

songea Laura, agacée. C'est vous qui allez me faire mourir de frustration si vous ne quittez pas très vite cette pièce ! »

Laura entendit Andrew répondre :

— John ne pose pas de problèmes, j'imagine ? Que pense-t-il de tes projets ?

« Projets ? s'étonna Laura. Quels projets ? »

Henry prit une autre gorgée de vin et se tourna de nouveau vers la porte du restaurant.

— Mon fils ? Je n'ai pas encore abordé la question. J'ai assez de problèmes avec Anona. De toute façon, ce n'est pas à lui d'en décider, n'est-ce pas ? Et toi, tes enfants ?

Andrew haussa les épaules.

— Pareil. Je ne leur ai pas encore dit. C'est inutile, tant que tout n'est pas prêt... et vu l'attitude d'Emma en ce moment, nous aurons droit à une crise, c'est sûr. Comme pour tout.

« Ça devient intéressant, finalement », estima Laura.

— Elle devra tenir compte des autres, pour une fois, déclara M. Farrant. Elle n'a jamais été aussi insolente. Cela dit, reprit-il sur le ton de la confidence, je crois qu'elle se laisse beaucoup influencer par Julie et la petite Turner.

— Moi ?

Laura plaqua sa main sur sa bouche. Quel culot ! Emma était super-coincée quand elle était entrée à Lee Hill, fraîchement débarquée du Sussex ; sans Laura et Julie, elle ignorerait toujours ce qu'est une discothèque, elle continuerait à porter des kilts et des chemisiers col Claudine, et sa vie sociale serait un désert !

— Bien sûr, déclara Henry, tandis que les deux hommes retournaient lentement vers le restaurant, voilà ce qui arrive dans les foyers brisés. Il suffit de voir Laura : parents à couteaux tirés, nouvel homme dans le paysage, enfant illégitime...

— Et il paraît que Peter, le père de Laura, apprécie beaucoup le fruit de la vigne, si tu vois ce que je veux dire, ajouta Andrew.

Henry secoua la tête d'un air entendu.

— Ah, c'est pas bon, ça, Andrew, pas bon du tout.

Brusquement, Laura se sentit mal. Elle avait envie de pleurer. Ou de hurler. Ou de s'enfuir en courant. Mais elle n'était pas du genre à s'enfuir. Et les larmes restaient coincées quelque part entre sa poitrine et sa gorge. Hurler lui parut la meilleure option.

Elle repoussa les manteaux qui la dissimulaient et s'avança à grands pas vers les deux hommes. Elle regarda le père de John droit dans les yeux. Henry sursauta et s'immobilisa. Une vague de couleur s'étendit sur ses joues déjà cramoisies.

— Ce qui n'est pas bon, monsieur Joseph, c'est la malveillance des gens comme vous ! siffla-t-elle.

— Ah ! Laura ! Bien, bien. La soirée est finie ? John est avec toi ?

Le père d'Emma, rouge d'embarras, tenta d'afficher un air à la fois réprobateur et compréhensif :

— Laura, je ne pense pas...

— C'est parfaitement exact, monsieur Farrant : vous ne pensez pas, répliqua Laura, la voix tremblante de colère. Vous ne savez rien de ma famille. Comment osez-vous porter un jugement sur eux ?

Les yeux de M. Farrant, inquiet, s'élargirent.

— Mais bon sang, qu'est-ce...

Laura déglutit. Elle était peut-être allée trop loin. Du coin de l'œil, elle vit sa mère se précipiter vers elle. Aïe, aïe, aïe !

— Écoute, Laura, dit Henry avec un enthousiasme affecté, tu as mal compris. Je peux t'expliquer...

— Ne vous fatiguez pas, l'interrompit Laura. J'ai parfaitement compris.

— Quelqu'un a vu Laura ? demanda John quand les aiguilles de l'horloge fixée au mur se rapprochèrent de minuit. Je ne la trouve nulle part.

John avait enfin mis au point sa formidable déclaration d'amour ; il devait la répéter sans tarder à Laura avant de l'oublier.

— Elle était ici tout à l'heure, remarqua Emma.

— Je sais. Elle m'a dit de danser avec Julie parce qu'elle était complètement en dehors du coup ce soir et...

— Oh ! merci ! siffla Julie. Merci beaucoup.

— Je veux dire, j'en avais envie, bien sûr, mais...

— Laisse tomber, coupa Julie, et elle s'éloigna vers les toilettes.

— Bravo ! intervint Emma. Quel tact !

— C'était vache de dire ça, ajouta Sumitha.

— Abruti ! renchérit Bex.

Elle lui tourna le dos et se hâta de rejoindre Julie.

« Génial, pensa John. De mieux en mieux, cette soirée. »

Emily, ignorant les yeux écarquillés et les visages empourprés d'Henry et de Andrew, tira Laura dans un coin :

— Je suis sûre d'avoir entendu le mot « bébé ». C'est Charlie ? Laura, qu'est-ce qu'il y a ? Qu'est-ce qui s'est passé ?

— Oh ! Maman... gémit Laura.

Elle fondit en larmes.

— Chérie ! Qu'est-ce qu'il y a ? C'est Charlie, n'est-ce pas ? Je savais bien que je n'aurais pas dû le laisser, je le savais.

— Non, ce n'est pas Charlie ! cria Laura. Tu ne peux pas penser à autre chose qu'à ce bébé ?

Emily fronça les sourcils.

— Alors, qu'y a-t-il ?

Laura ne pouvait pas lui raconter. Ça l'aurait trop blessée. Elle réfléchit à toute allure.

— J'ai perdu mon bracelet, dit-elle tristement. Mon bracelet en lapis-lazuli que papa m'avait donné. Je suis revenue pour voir s'il est ici.

Emily soupira, soulagée.

Laura remarqua que les épaules de M. Joseph se relâchaient avec un soulagement comparable.

— Oh, chérie, ce n'est que ça ? fit Emily. Je croyais qu'il était arrivé quelque chose de terrible. Bon, si tu retournais à la discothèque ? Je dirai à Barry de faire en sorte que le petit Simon ouvre l'œil en faisant le ménage.

— Simon ? répéta Laura.

Elle feignit de chercher dans sa mémoire.

— Le jeune gars qui aide Barry... Tu te rappelles, il a apporté le *haggis*.

Laura sourit à sa mère, rayonnante.

— Ah, lui ! C'est une idée géniale. Je vais lui demander.

Sa mère fronça les sourcils.

— Non, chérie... Il doit être occupé à ranger la cuisine. Laura, reviens !

Mais Laura poussait déjà la porte affichant « Privé ».

Bex tira un autre morceau de papier toilette et le tendit à Julie.

— Je ne vois pas pourquoi tu pleures, Julie. Il te plaît, ce John ?

Julie se moucha et jeta le papier dans la poubelle.

— Bien sûr que non. C'est juste qu'il avait raison.

Je me sens hors du coup. Tout le temps. À la maison, au lycée, ici. Partout.

Elle repoussa les mèches de son visage.

— Arrête ! répliqua Bex. Toi ? Tu as tout. Tu habites une maison super-classe, tu es canon, tes parents t'adorent...

— Ah oui ? siffla Julie. Ils m'adorent tellement qu'ils ne prennent jamais la peine de me demander comment je vais. Tout ce qu'ils font, c'est me harceler en permanence pour que je réussisse mieux. Et je ne pense pas en être capable, ajouta-t-elle à voix basse.

— Mais tu es hyper-intelligente, protesta Bex.

— Commence pas, supplia Julie. OK, j'ai été plutôt brillante. Plus maintenant. Je suis vraiment terrifiée par les examens blancs. Je vais complètement les rater.

— Comme tout le monde. Les profs...

— Je sais, je sais, ils nous donnent de mauvaises notes pour nous mettre la pression, psalmodia Julie. Eh bien, c'est pas la peine. Je suis déjà stressée.

— Quel rapport avec le fait que tu te sentes hors du coup ?

Julie soupira.

— J'ai l'impression que rien ne sert à rien. C'est comme si tous mes amis avançaient et que moi je reste sur le bord de la route. Laura et Emma savent exactement ce qu'elles veulent faire de leur vie... Emma a déjà reçu des propositions pour tourner dans une pub, Laura sera écrivain, John a tout planifié pour devenir dessinateur...

— Je croyais que tu voulais être vétérinaire !

— Ça, c'était quand j'étais gosse. Avant de savoir qu'il faut faire six ans d'études et des trucs dégoûtants dans le derrière des vaches. Maintenant, je n'ai aucune idée de ce que je veux étudier à la fac. Je ne sais même pas, ajouta-t-elle, si je veux y aller.

— Alors pourquoi y penser ? Tu ne peux rien faire

avant juin et, d'ici là, quelque chose d'extraordinaire peut se passer.

— Rien d'extraordinaire ne m'arrive jamais, grogna Julie, morose.

— Oh, pitié ! la taquina Bex. Détends-toi un peu, suis le mouvement. Tu y arriveras.

— Pour ça, il faudrait déjà que je sache *où* je dois arriver, rétorqua Julie.

6

SUMITHA SE DÉCHAÎNE

La cuisine était vide. Le cœur de Laura se serra. Simon était déjà parti. Il était sans doute allé retrouver sa petite amie, qui était sûrement grande et mince, avec une peau parfaite et une garde-robe pleine de vêtements classe.

De colère, elle donna un coup de pied dans un tabouret en bois. Les adultes sont tellement débiles à mettre des étiquettes sur tout ! Il suffit que votre père soit parti de la maison et que votre mère ait eu un enfant avec un autre homme pour qu'ils considèrent que vous allez forcément vous effondrer et « mal tourner » !

Elle se mordit la lèvre et cligna des yeux de toutes ses forces pour empêcher les larmes de couler.

— Flûte, flûte, flûte ! grommela-t-elle.

Elle tapa du poing sur la table.

— Placard du haut, à gauche, lança une voix amusée derrière elle.

Elle se retourna vivement. Simon émergeait d'un placard assez grand pour s'y cacher, deux bouteilles de champagne à la main. Le cœur de Laura se mit à battre la chamade.

— Oh, salut ! Qu'est-ce que tu as dit ?

— Les flûtes à champagne... placard du haut, répéta-t-il en posant les bouteilles sur la table.

— Ah ! non, je voulais...

Sa voix s'éteignit.

Simon sourit.

— Je plaisante. Quel est le problème ? Je croyais que tu étais en face, en train de danser.

— Oui, dit Laura. Enfin, je devrais y être.

Ce n'était pas ce qu'elle avait prévu. Elle s'était imaginée sexy, cool – et follement drôle.

— Tu es à Lee Hill, non ? En seconde ? demanda Simon.

Elle hocha la tête.

— C'est bien ce que je pensais. Tu as écrit des trucs vraiment chouettes dans le magazine de l'école.

Laura le regarda fixement.

— Tu l'as lu ?

— Bien sûr. C'est ça qu'on fait, en général, avec les magazines ! Tu es douée.

Le cœur de Laura, d'un bond, quitta sa place normale et atterrit au fond de sa gorge.

— Alors, insista Simon, si c'est pas les flûtes que tu cherches, c'est quoi ?

« L'amour, pensa Laura. Et je pense que je viens de le trouver. »

— J'ai perdu mon bracelet, mentit-elle. Je me demandais juste si tu ne l'avais pas vu.

Simon afficha aussitôt un air soucieux.

— Non, je ne l'ai pas vu... mais je vais regarder si je le trouve. Il est comment ?

— Bleu... en lapis-lazuli, en fait. Mon nom est gravé sur le fermoir.

— Lorraine, c'est ça ? demanda Simon en ôtant l'aluminium d'une des bouteilles de champagne.

— Laura.

— Ah oui, voilà, « Laura aux joues de rose, viens, chante doucement avec... » Je me rappelle pas la suite !

Laura écarquilla les yeux.

— Qu'est-ce que tu as dit ?

Simon devint écarlate et se concentra sur les bouteilles de champagne.

— Oh, rien... C'est juste un poème qu'on a étudié en anglais. Campion, ou un truc du genre.

— Tu aimes la poésie ?

— Oui, répondit sèchement Simon. Ça t'étonne ?

— Non ! Je trouve ça génial. Qui est ton poète préféré ?

— Eh bien, j'adore Keats.

— Moi aussi ! s'exclama Laura. Il est si romantique ! Et puis il voit des choses que les gens ordinaires ne remarquent jamais.

Simon hocha la tête.

— J'aime bien Wilfred Owen,[1] et les poètes de la guerre aussi, parce qu'ils sont si tristes...

La porte, derrière eux, venait de s'ouvrir avec fracas.

— Toi aussi tu vas bientôt être triste, mon grand, si tu ne te dépêches pas de servir le champagne ! plaisanta Barry Gee. Salut, Laura... Qu'est-ce que tu fais là ?

Tout à coup, Laura eut un éclair de génie.

— Eh bien, en fait, monsieur Gee, dit-elle de sa voix polie qui faisait fondre tous les parents, je me demandais si Simon voudrait venir en face, au *Zig-Zag*, pour minuit... Il y a un groupe vraiment génial qui joue. Mais, bien sûr, je suppose que vous avez besoin de lui ici.

Elle inclina légèrement la tête et esquissa un petit sourire en le regardant droit dans les yeux.

— Non ! Allez-y ! s'écria M. Gee en souriant. On n'est jeune qu'une fois. Et amusez-vous bien !

1. Poète anglais (1893-1918) dont les premiers poèmes furent influencés par Keats. Incorporé, il devint dès 1917 le poète de la guerre, dont il dénonça la cruauté. *(N.d.T.)*

— Merci, monsieur Gee ! s'exclama Simon.

Puis il se tourna vers Laura :

— Tu ne penses pas qu'on devrait chercher ton bracelet d'abord ?

Elle secoua la tête.

— Je viens juste de me rappeler... Je ne l'avais pas sur moi, ce soir. Quelle idiote !

— Je n'étais jamais venu ici, déclara Simon, penché par-dessus le balcon pour regarder les danseurs. C'est cool.

— C'est pas mal, acquiesça Laura.

Elle fit discrètement glisser sa main le long de la balustrade, dans l'espoir qu'il la prendrait. Mais il n'en fit rien.

— Où sont tes copains ? demanda Simon. Et John... Tu es avec lui, non ?

— Oh, plus ou moins, dit-elle vivement. Rien de sérieux.

« Je te réserve les trucs sérieux », pensa-t-elle.

— Sympa, ce mec. Vous allez bien ensemble, tous les deux.

« Ce n'est pas ce que je veux entendre », songea Laura. Elle secoua ses cheveux, espérant lui faire comprendre, dans le langage du corps, qu'elle était totalement disponible.

— Bon, allons chercher les autres, alors, suggéra Simon en posant légèrement un bras sur son épaule.

Elle frémit d'extase. Sauf qu'elle était partagée. Elle voulait bien être à l'étage avec Simon, là où personne ne pouvait la voir, mais elle ne souhaitait pas blesser John – pas le soir du nouvel an, pas avant d'avoir pu lui annoncer avec douceur et compassion qu'elle avait changé et qu'eux deux, c'était fini.

— Pourquoi on ne resterait pas ici à regarder ?

Simon lui posa les mains sur les épaules. Elle frémit une fois de plus.

— Regarder ? J'aurais cru que tu voudrais de l'action !

Il joua avec une mèche de ses cheveux, et Laura comprit soudain pourquoi les héroïnes de Jane Austen se pâment de plaisir.

— Oh, mais oui ! s'exclama-t-elle.

— Alors c'est en bas que ça se passe, répliqua Simon en désignant les danseurs d'un signe de tête. Viens !

— Bonne année ! Bonne année !

Le dernier coup de minuit retentissant sur Big Ben fut retransmis par l'un des énormes écrans de télévision suspendus au plafond du *Zig-Zag*. Des boules de sarbacanes fusèrent, des ballons éclatèrent et tout le monde embrassa tout le monde.

Tout le monde sauf John. Pétrifié, il fixait l'un des écrans. Pas celui qui montrait Big Ben. L'autre. Celui où Laura apparaissait en gros plan avec Simon Stagg qui lui tripotait les cheveux et se rapprochait un peu trop d'elle. « Je vais le tuer », songea John.

Sur l'écran, le visage de Laura afficha un sourire radieux. Bien plus radieux que tous ceux qu'elle avait adressés à John pendant la soirée.

« C'est bon, pensa-t-il. Je vais lui régler son compte. »

— Bonne année, John ! s'écria Julie en lui lâchant un serpentin sur la tête.

— Alors, vous n'essayez pas de battre votre record de la plus longue pelle, Laura et toi, pour le nouvel an ? le taquina Emma.

— Lâche-moi, tu veux ? grogna John.

— Les Caméléons... un nouveau groupe pour une nouvelle année !

Seb, Ted et Ross bondirent sur scène et se mirent à jouer. Il y avait une folle ambiance dans la salle ; la piste était bondée.

Sumitha se mit à claquer des doigts et à suivre le rythme de la musique, sans quitter des yeux les musiciens. Ils ne bougeaient pas assez ; ils n'occupaient pas entièrement la scène. Il fallait qu'ils se lâchent ! Ils étaient trop raides. Plus elle les regardait, plus ça la gênait. « Ted a une voix géniale, mais c'est de la musique, bon sang, alors dansez ! » pensa-t-elle.

Plus tard, elle ne se rappela pas exactement comment c'était arrivé. Elle était sur la piste avec les autres et, la minute d'après, elle avait sauté sur la scène et s'était mise à danser. À danser vraiment. Comme on sait le faire quand on est restée huit ans au conservatoire Olive Ockley de danse et d'art dramatique et qu'on a passé des examens de modern jazz, de théâtre et de claquettes. Elle aperçut l'expression ahurie de Ted, puis son grand sourire quand le public commença à imiter les mouvements de Sumitha.

— Waow ! souffla Julie, en claquant des doigts et en essayant de copier les pas de son amie. Ça, c'est de la danse !

Ross et Ted se détendirent et se mirent à se déhancher.

— Elle a appris ça où ? s'étrangla Bex quand Sumitha fit un grand écart en l'air. C'est une pro, cette fille !

— Impressionnant ! souffla Simon à Laura en tapant du pied en rythme... Vraiment impressionnant !

« Hé ! pensa Laura. C'est moi que tu es censé trouver irrésistible. »

« Je vais lui en donner, moi, des sensations fortes ! » se dit John en se frayant un chemin vers Laura.

— Laura est avec moi, déclara-t-il en jetant un regard noir à Simon. Viens, Laura, on va danser.

Il lui prit la main, espérant qu'il paraissait ferme et sûr de lui.

Laura voulait rester avec Simon. Il ne lui avait pas encore demandé son numéro de téléphone et il ne lui avait pas encore dit qu'il aimerait la revoir, ni même pris la main.

— John ! Salut, content de te voir ! lança Simon avec un large sourire. Je ne savais pas que tu étais du genre à danser. À plus tard, Laura.

« Super, pensa Laura. Il aurait pu se battre un peu pour me garder ! »

— Qu'est-ce que tu fabriquais avec lui ? demanda John.

Laura s'apprêtait à rétorquer que ça ne le regardait pas et qu'elle fréquentait qui elle voulait quand elle vit sa tête : il semblait inquiet, perdu.

— Oh ! j'ai perdu mon bracelet et je suis retournée voir s'il l'avait trouvé ! expliqua-t-elle. Et le père de Julie lui a permis de venir... Je ne pouvais pas le laisser tout seul ! Il ne connaît pas grand monde.

John sourit, soulagé :

— Tu es vraiment une fille gentille et compréhensive.

Et il l'embrassa.

À part un autre accès de remords, Laura ne ressentit rien.

Sur scène, Sumitha était vraiment lancée, tapant des pieds et levant les genoux tandis que le public applaudissait en rythme. Elle avait oublié à quel point c'est agréable de danser : ça vide l'esprit et ça vous donne la sensation de pouvoir conquérir le monde.

Quand le groupe joua le dernier accord, Sumitha

tourna sur elle-même et fit le grand écart en ouvrant les bras. Applaudissements et sifflements éclatèrent.

— Génial !

— C'était top !

Les musiciens posèrent leurs instruments et applaudirent à leur tour.

— Tu as été fantastique ! s'écria Seb. C'est de toi qu'on a besoin... Tu es le quatrième homme !

— Tu as vraiment fait bouger le public, ajouta Ted. Tu es géniale.

— Super-géniale, renchérit Ross.

Ce qui était une preuve d'enthousiasme, venant de sa part.

Sumitha rayonnait. Elle ne s'était pas sentie aussi bien, aussi sûre d'elle, depuis une éternité. Elle regretta d'avoir abandonné ses cours de danse. Rien ne donnait de telles sensations. Ça, c'était la vie. Ce serait tellement cool de pouvoir faire partie du groupe... hélas ce n'était qu'un rêve fou.

Avant qu'elle puisse se rendre compte de ce qui se passait, Ted et Seb glissèrent leurs mains sous ses bras et la soulevèrent. Tout le monde s'esclaffa.

— Alors, t'es avec nous ? hurla Seb, radieux. Tu veux bien faire partie du groupe ?

Sumitha, encore frémissante d'excitation, hocha la tête, rit avec eux et exécuta une pirouette en l'air. Puis une autre. Et encore une autre.

— SUMITHAAAAAAAA !

Les rires s'évanouirent. Les têtes se tournèrent.

— Oh là là ! souffla Julie à Emma. Ça sent le roussi.

Sur le seuil se tenait le père de Sumitha. Il ne semblait pas content du tout.

— Attends, Sumitha ! Ne pars pas maintenant !

Seb se précipita vers elle et lui prit le bras.

— Écoute, à propos de cette idée... Je pense...

— Jeune homme, je vous suggère de garder vos idées pour vous, déclara M. Banerji en ôtant la main de Seb du bras de sa fille d'un geste de propriétaire. Viens, Sumitha.

— Papa !

Seb parut abasourdi.

— Désolé... On se reverra, d'accord ?

— Certainement pas, gronda son père. Si vous pensez qu'après cette... cette exhibition, je vous permettrai d'avoir le moindre contact avec ma fille, vous vous trompez lourdement.

Seb le regarda droit dans les yeux, puis il haussa les épaules et s'éloigna.

— Je n'arrive pas à croire que tu aies fait ça, Papa ! siffla Sumitha quand M. Banerji la poussa dans l'entrée. Devant tous mes amis... Comment tu as osé ?

Elle jeta un coup d'œil par-dessus son épaule : les autres murmuraient et regardaient dans sa direction, inquiets.

— Je ne pense pas que tu sois bien placée pour critiquer mon comportement, Sumitha, rétorqua son père. Tu t'es exhibée sur scène. Si je n'étais pas arrivé à temps...

Il frémit d'horreur.

— Et tes amis... où sont-ils ? Je leur ai dit de venir immédiatement, ajouta-t-il avec impatience.

— Ça va, ils arrivent, s'énerva Sumitha. Mais vu la manière dont tu leur as parlé, je ne suis pas sûre qu'ils soient encore mes amis.

— Bon, prends ton manteau et dépêche-toi !

Sumitha avait envie de pleurer. Si son père était désagréable avec ses amis, eux au moins savaient qu'il lui arrivait d'être totalement irrationnel. Mais que Seb l'ait vue se faire emmener de force comme une gamine, c'était insupportable.

— Voilà ce qui arrive quand on fréquente ce genre

d'individus, gronda son père tandis qu'elle sortait dans la rue avec lui, la mine sombre.

— Ce qui arrive ? Qu'est-ce qui m'arrive ? bafouilla-t-elle. Tout ce que j'ai fait, c'est danser... Tu sais, le genre de choses qu'on fait dans une soirée, *normalement*. Et toi, tu pètes les plombs ! À t'entendre, on croirait que j'ai frappé une vieille dame. Tu es vraiment incroyable !

Elle frissonna quand l'air glacial de la nuit la saisit. M. Banerji s'arrêta sur le trottoir et se retourna pour faire signe au reste de la bande, qui sortait tranquillement de la discothèque. Ils s'efforçaient d'afficher un air cool, afin qu'on ne les prenne pas pour des gamins qui s'aplatissent complètement devant les adultes.

— Dépêchez-vous, les enfants ! railla Julie à mi-voix.

— Il est encore pire que ma mère, remarqua Emma. C'est tout dire !

— Est-ce qu'il va se taire, un jour ? lança John.

Il avait posé un bras ferme sur les épaules de Laura et s'assurait que Simon restait à distance.

Quand ils rattrapèrent Sumitha, qui semblait désespérée, ils entendirent M. Banerji déclamer :

— J'ai fait beaucoup de concessions pour toi, Sumitha. Je t'autorise à aller dans ces... ces endroits...

Il marqua une pause, comme si une odeur désagréable avait flotté sous ses narines.

— ... Mais je ne tolérerai pas que ma fille s'exhibe en public.

Il laissa passer un flot de voitures.

— Il est temps que je prenne des mesures.

La voie était enfin libre. Sur le trottoir d'en face, un rire aigu retentit.

— La lalalala lala, la lalalala lala, la lalala, la lalalala...

John émit un gloussement à peine contenu. Laura

plaqua une main sur sa bouche et jeta un regard oblique à M. Banerji. Emma ouvrit la bouche et cligna les yeux.

Les parents sortaient à la queue leu leu par la porte du *Giga*. Ils dansaient une conga. Avec des chapeaux en papier sur la tête. Et des sourires épanouis.

Mme Farrant agita un pétard en l'air.

— Salut, les choux !

« Que quelqu'un l'emmène loin d'ici, pria Emma. Immédiatement. »

— Bonne année, les gosses ! lança Henry Joseph qui, semblait-il, ne possédait pas un sens aigu du rythme.

John ferma les yeux et s'imagina ailleurs.

Laura grogna : Melvyn tournoyait dans la rue, une nappe enroulée sur la tête comme un turban et deux cuillères dans une main qui lui servaient de maracas.

La mère de Sumitha surgit en dernier. En proie au fou rire, elle relevait d'une main son sari violet. Quand elle aperçut son mari, elle s'immobilisa.

— Papa ? souffla Sumitha, les dents serrées.

— Oui ?

— Qu'est-ce que tu disais, déjà ? À propos de s'exhiber en public ?

Pour une fois, Rajiv Banerji ne trouva rien à répondre.

7

RÉFLEXIONS NOCTURNES

Sumitha se retourna dans son lit et donna des coups de poing rageurs à son oreiller. Son père avait tout gâché ; il n'y avait aucune chance, maintenant, que Seb aie envie de la revoir !

Pourquoi son père était-il si étouffant ? Après tout, elle s'efforçait de lui faire plaisir. Elle travaillait sérieusement, elle endurait les longues soirées familiales pendant lesquelles tout le monde expliquait en long et en large à quel point la vie en Inde est géniale et la société occidentale épouvantable... (si bien que Sumitha avait envie d'exploser et de leur demander pourquoi ils ne retournaient pas tous là-bas). Et en plus, sous prétexte que son père vivait à l'âge de pierre, elle devrait rater toutes les occasions de s'amuser ? Non, Sumitha n'était pas d'accord.

Pendant tout le chemin du retour, dans le taxi, il lui avait fait la morale : on doit se conduire avec bienséance, ne pas reproduire le comportement des Occidentaux... En passant la porte de leur maison, elle avait cru que c'était fini et qu'elle pouvait monter se coucher. C'est à ce moment-là qu'il avait lâché sa dernière bombe :

— À partir de maintenant, Sumitha, je t'interdis d'aller en discothèque. Ça t'encourage à fréquenter des garçons peu convenables et ce ne sont pas des endroits pour une jeune Bengalaise bien élevée.

Elle avait pleuré et supplié sa mère de le raisonner, mais bien que Chitrita ait timidement suggéré que c'était peut-être un peu dur, son père refusa de revenir sur sa décision.

« Je ne le laisserai pas me gâcher la vie ! pensa-t-elle en se retournant dans son lit. » C'était à croire qu'elle avait vraiment fait quelque chose de mal.

Elle voulait juste revoir Seb ! Hélas elle ne savait pas où il habitait, ni même à quelle université il allait. Il n'y avait qu'un moyen. Elle devrait trouver un prétexte pour passer aux Peupliers et parler à Ted. Elle ignorait encore l'excuse qu'elle choisirait, et même ce qu'elle dirait une fois là-bas. Elle était sûre d'une seule chose : elle n'en soufflerait pas un mot à ses parents.

Laura, allongée sur le dos, fixait le plafond en essayant de se rappeler tous les détails du visage de Simon. Est-ce qu'il l'aimait bien ? Ou était-il simplement poli ? Il avait peut-être déjà une copine. La jalousie la tenailla à la pensée qu'une autre puisse passer la main dans ses cheveux blonds ou embrasser ses lèvres bien dessinées.

Brusquement, la perspective du nouveau trimestre, qui commençait dans deux jours, lui parut follement séduisante. Dans cinquante-quatre heures exactement, elle le reverrait. Elle ignorait dans quelle classe il était, mais elle savait qu'il faisait de l'anglais. Même si elle devait traîner devant toutes les salles d'anglais de première pendant la semaine entière, elle finirait par le rencontrer « accidentellement-exprès ».

Elle ferma les yeux et rêva du jour où Simon l'embrasserait pour la première fois.

John n'avait même pas pris la peine de se déshabiller. Il avait juste enlevé ses baskets d'un coup de talon et les avait envoyées à l'autre bout de sa chambre.

Il était trop énervé pour dormir. Trop énervé et trop inquiet.

Il en voulait terriblement à son père. Se comporter ainsi dans le parking du *Giga*, dire des choses pareilles, c'était nul ! Rien qu'à ce souvenir, John frémit de honte :

— Il est temps de partir, fiston... Tu n'embrasses pas la petite demoiselle pour lui dire bonsoir ?

John avait posé un rapide baiser sur la joue de Laura. Il ne pouvait pas faire plus, pas devant tous les parents.

— Bon sang, fiston, il va falloir que tu trouves une meilleure technique si tu veux avoir du succès avec les femmes ! avait lancé son père avec un rire tonitruant.

Il avait bu plus d'un verre de trop, pas de doute.

Bien sûr, maintenant, John trouvait des tas de bonnes reparties, comme « Je n'ai pas de bon modèle », mais, à ce moment-là, il s'était contenté de contempler le gravier en rêvant de rentrer sous terre. Le temps que la mère de John pousse son mari sur le siège du passager et l'informe qu'il était saoul et idiot et que, malheureusement, il serait encore idiot demain, Laura était partie.

— Tu n'es pas brillant dans le choix de tes petites amies, hein ? avait bredouillé son père sur le chemin du retour. Déjà, cette fille, Sumitha... et maintenant Laura. Tu peux mieux faire, tu sais. Elle se prend trop au sérieux. Mais bon, elle peut te servir pour t'entraîner.

John avait explosé :

— C'est dégoûtant de dire ça !

— Henry !

— Allons, fiston, admets que tu as besoin d'entraînement !

— La ferme, papa, avait grommelé John.

— Ignore-le, chéri, avait conseillé sa mère d'un ton réconfortant. Oublie ça.

Mais il n'arrivait pas à oublier. Et si son père avait raison ? Après tout, il avait *seize ans et demi* et son palmarès, côté filles, n'était pas franchement impressionnant. S'il fallait croire ce que racontaient ses copains du lycée, il avait des tas de choses à apprendre. Ses sentiments étaient bien réels – son point faible, c'était la manière de les exprimer, et tous ces trucs romantiques que les filles aiment bien.

C'était peut-être pour ça que Laura avait passé tout ce temps avec Simon – peut-être qu'il avait la bonne technique, lui. « Eh bien, il n'aura plus l'occasion de la pratiquer sur Laura, décida John. Je ferai ce qu'il faut la prochaine fois, quoi qu'il m'en coûte. »

Julie se réveilla avec un sentiment d'angoisse ; elle regarda le réveil sur sa table de chevet. Sept heures et demie. Elle ferma les yeux et essaya de se rendormir, mais penser à tous les devoirs, dans son sac, auxquels elle n'avait pas encore jeté un coup d'œil lui donnait la nausée. Et il ne restait plus qu'une semaine avant les examens blancs ! Mlle McConnell lui avait assuré qu'elle s'en sortirait très bien et que ses mauvaises notes de l'année précédente n'étaient qu'un accident, mais que dirait-elle si Julie ne rendait pas ses devoirs ? Le trimestre commençait dans deux jours ; il lui était impossible de tout faire.

Elle aurait dû attaquer juste après Noël. C'est ce qu'elle avait décidé ; simplement, chaque fois qu'elle décidait de s'y mettre, elle était prise de tremblements et de bouffées de chaleur, et se sentait brusquement incapable de fournir le moindre effort. Elle était allée jusqu'à composer un planning de travail élaboré, avec une couleur différente pour chaque matière et une petite case à cocher quand le travail était fait – elle n'y avait encore tracé aucune croix.

Bien sûr, ce n'était pas complètement sa faute. Les adolescents dont la mère n'est jamais à la maison sont traumatisés, c'est connu.

La mère de Julie avait beaucoup de défauts, mais elle était super-douée pour bâtir des dissertations entières tout en mettant la table ou en passant l'aspirateur ; elle était capable de dicter une analyse des poètes de la guerre ou un commentaire sur l'humour de Jane Austen sans avoir de sueurs froides. Heureusement, c'était férié, aujourd'hui ; sa mère pourrait enfin lâcher son micro et s'occuper de sa fille au lieu de perdre son temps à aider des inconnus !

Julie se résigna à s'extraire de son lit et glissa les pieds dans ses chaussons Bart Simpson. Elle ne pouvait pas repousser plus longtemps le moment de se mettre au travail. Peut-être que si elle commençait tout de suite, en robe de chambre, et écrivait quelques paragraphes, ça la mettrait en train.

Elle sortit une feuille de son classeur de sociologie [1] et prit son stylo. Elle lut le sujet. Puis le relut. C'était stupide – comment pourrait-elle remplir quatre pages là-dessus ?

Elle avait faim. Voilà ce qui n'allait pas. Tout irait mieux quand elle aurait mangé des céréales et une banane.

Elle était à mi-chemin de l'escalier quand le téléphone sonna.

— Allô ? Non, désolée, elle dort. Elle dort, oui. De la part de qui ? Trudie... Ah ! bonjour. Oui, je m'en souviens. Non, elle a dit qu'elle ne travaillerait plus les jours fériés et...

1. En Angleterre, la sociologie est enseignée dès le lycée. *(N.d.T.)*

On lui arracha le téléphone des mains. Sa mère, vêtue d'un grand cafetan bleu sur lequel se pavanaient deux éléphants à l'air béat, la foudroya du regard.

— Trudie, bonjour... Ginny à l'appareil. Ah oui ? Ah bon ? Mais bien sûr que je vais venir. Ravie de donner un coup de main... C'est absurde, je ne comprends pas pourquoi Julie a inventé une bêtise pareille. Tu sais comment sont les jeunes, ils vivent sur une autre planète. Je serai là dans une demi-heure. Ciao !

Elle raccrocha brutalement le téléphone et se tourna vivement vers Julie.

— Qu'est-ce qui t'a pris ?

Julie haussa les épaules.

— Le lendemain de Noël, tu as dit que tu ne travaillerais plus jamais, jamais, un jour férié.

— Oui, eh bien c'était avant, et maintenant c'est maintenant, déclara Ginny en se dirigeant vers l'escalier. Pousse-toi, je dois m'habiller.

— Maman, tu as dit que tu serais à la maison, aujourd'hui... Je voulais que tu m'aides pour mes devoirs... C'est vraiment dur.

— Plus tard, chérie... On en parlera plus tard.

— C'est toujours plus tard avec toi, hein ? Tu n'as jamais de temps pour moi !

Ginny lui lança un regard noir.

— Oh, n'exagère pas ! Bien sûr que j'ai du temps pour toi. Je t'aiderai ce soir.

— Promis ?

— Promis. Bon, qu'est-ce que je vais mettre ?

— De préférence, un truc sans éléphants... conseilla Julie.

— Emma, réveille-toi !

Quelque chose de dur atterrit sur sa tête et quelque chose de tout aussi dur rebondit sur ses pieds.

Daniel et Luke lui arrachèrent sa couette et la piétinèrent joyeusement.

— Allez-vous-en, bande de monstres ! hurla-t-elle. Je dors.

— Tu mens, tu es réveillée ! rétorqua Daniel qui, bien qu'âgé de cinq ans seulement, avait beaucoup d'esprit logique.

— Il ne faut pas mentir, ajouta Luke, son frère jumeau. C'est mon maître qui l'a dit.

— La télé est toute floue, dit Daniel. Il faut que tu la répares.

Emma bâilla.

— Allez demander à Papa !

Elle se retourna et tira sur sa couette pour se recouvrir la tête.

— C'est ce qu'on a fait, répliqua Luke. Il a dit que si on n'avait pas disparu de sa vue dans deux secondes, il ne *réparerait* plus de rien.

— *Répondrait*, idiot, corrigea Daniel. Alors on est venus te voir.

— Et si tu ne viens pas, on va te chatouiller les pieds.

Emma, excédée, rejeta la couette, descendit en traînant les pieds et examina l'arrière de la télévision. Le fil de l'antenne pendait. Elle l'enfonça dans la prise et l'image, aussitôt, redevint nette.

— C'est pas la bonne chaîne, grogna Luke. On veut...

— Attends ! coupa Emma en levant la main. Je veux voir ça.

C'était une publicité qui montrait un garçon chétif, avec de grosses lunettes et une coupe au bol, en train de grignoter une barre de Zipzap. En un instant, il se transforma en sportif super-mignon gravissant un mur en roller-blades devant une foule de filles éblouies qui applaudissaient avec admiration.

— *Je n'étais qu'un ado ordinaire avant de découvrir les barres Zipzap... Maintenant, je suis une superstar !* clama une voix off.

La caméra se rapprocha pour filmer en gros plan le garçon radieux.

« Ça pourrait être moi, réfléchit Emma. Si j'avais des parents un peu plus conciliants ! Il faut qu'ils acceptent ! Je veux être sur tous les écrans de cinéma et de télévision du pays. Le début de la gloire... »

— Je vais peut-être faire ça, bientôt, fit-elle remarquer à haute voix.

Elle déclencha l'hilarité des garçons, qui se roulèrent par terre en gigotant.

— Toi ?

Emma hocha la tête.

— Tu n'es même pas fichue de patiner correctement ! ironisa Luke.

— Je ne parle pas de patin, abruti, je parle de jouer dans cette pub, expliqua Emma.

Elle guetta sur leurs visages une lueur d'admiration.

— Emma, va-t'en, s'il te plaît, on veut regarder les Teletubbies.

« Le respect et l'admiration, songea Emma, ça manque cruellement dans cette maison. »

Quand elle atteignit le haut de l'escalier, elle entendit des murmures derrière la porte fermée de la chambre de ses parents. La voix de son père souffla :

— Pour la dernière fois, Claire, la réponse est non ! Emma passe le brevet dans quatre mois. Ça compte beaucoup plus qu'une vulgaire pub pour la télévision !

— Oh, je ne la trouve pas vulgaire, chéri, murmura Claire. J'ai bien aimé celle du bébé qui fait de la plongée sous-marine. D'ailleurs, c'est le frère de Mlle Ockley qui l'a conçue...

— Ça pourrait aussi bien être Kenneth Branagh,

je m'en moque. Emma s'investit trop dans cette histoire de théâtre. Et puis, l'année dernière encore, tu craignais que ça ait une mauvaise influence sur elle... J'espère que tu n'as pas changé d'avis, parce que tu avais raison !

« Oh, merci mille fois ! » pensa Emma en s'effondrant sur la dernière marche.

— De toute façon, elle devra se préoccuper de choses bien plus importantes quand elle sera au courant...

Emma fronça les sourcils. Que se passait-il ? Les phasmes de Daniel s'étaient échappés, ils étaient quelque part dans la tuyauterie du chauffage central, sans doute carbonisés : c'était bien le seul événement qui ait troublé leur vie méga-ennuyeuse, ce mois-ci.

— Je suppose que tu as raison, dit sa mère. Quand allons-nous l'annoncer aux enfants ? Ils vont être si excités !

« Ça nous changera, jugea Emma. Même si l'idée qu'ils se font d'un truc excitant, c'est une excursion à la jardinerie ! »

— Demain, au dîner, déclara Andrew. Quand ils rentreront de l'école. On leur dira à ce moment-là.

— Et pour la pub ? risqua sa femme.

— Arrête ! Sur ce point, je serai inflexible. C'est clair ?

— Oui, chéri, soupira Mme Farrant.

« Ma mère est une mauviette de première catégorie », conclut Emma.

8

NOUVEAU TRIMESTRE, NOUVEAUX DILEMMES

— Bonjour, chérie, lança la mère de Julie, rayonnante, quand sa fille entra dans la cuisine en traînant les pieds. Prête pour un nouveau trimestre ?

— Non, grogna Julie.

— Allons, chérie, ce n'est pas la bonne attitude. Il faut se motiver, être positif, voilà ce que je dis !

— Tu as d'autres remarques stupides en stock ? ironisa Julie.

Elle allait bientôt avoir ses règles, elle avait des boutons et une très mauvaise journée en perspective.

— Julie ! Mais qu'est-ce que tu as ?

— Tu veux vraiment le savoir ? OK : tu m'avais promis de m'aider pour ma dissertation de sociologie. Tu devais me donner un coup de main en rentrant de la radio.

— Oh, c'est vrai, je suis désolée, mais, tu sais, j'ai dû aller bosser parce que les gens tombent comme des mouches à cause de la grippe, et ils avaient besoin d'aide pour « Cinq sur cinq » et...

— Bien sûr, grinça Julie. Pourquoi je m'imagine que je devrais passer avant tes précieuses émissions ? Après tout, je ne suis que ta fille...

— Julie, je t'en prie ! C'est très important pour

moi de faire bonne impression en ce moment. Je dois montrer que je suis polyvalente, prête à mettre la main à la pâte et ravie d'aider chaque fois que je le peux.

— Sauf quand il s'agit d'aider ta propre fille ! cria Julie. J'avais vraiment besoin de toi pour cette dissert, Maman, et tu t'en fiches. Et maintenant je ne l'ai pas faite et...

— Comment ça, tu ne l'as pas faite ? Tu as eu toutes les vacances de Noël pour ça ! Franchement, Julie, il faut que tu apprennes à gérer ton temps !

— Qu'es-ce que tu en sais ? cria Julie avant de fondre en larmes. Tu te contentes de supposer que je peux me débrouiller. Eh bien, je ne *peux* pas !

Ginny se mordit la lèvre, compta jusqu'à dix et se força à sourire.

— Écoute, dit-elle aussi calmement que possible, si on regardait ça ce soir ? Dès que tu rentres à la maison ? On va y arriver, je te le promets.

Julie renifla.

— Qu'est-ce que je vais dire à Mlle McConnell ? On perd automatiquement un point quand on rend le travail en retard.

— Idée stupide, marmonna Ginny. Je vais te faire un mot, pour expliquer que c'est ma faute, que j'ai emporté ta dissertation par erreur dans mes propres dossiers et... que je l'ai laissée au bureau. Elle n'osera pas mettre ma parole en doute, quand même !

Julie ne put réprimer un léger sourire.

— Merci, Maman. Et tu me promets de m'aider ce soir ? Tu ne me laisseras pas tomber ?

— Je ne ferais jamais ça ! promit Ginny solennellement.

— Pourquoi M. Todd organise-t-il une assemblée[1] à chaque rentrée ? marmonna Emma, tandis que les élèves entraient l'un après l'autre dans la salle de réunion du lycée. Il dit chaque fois la même chose. Il pourrait aussi bien nous passer un discours enregistré.

— Ou demander à mon père de le remplacer, répliqua Sumitha. Il est toujours hystérique à cause de la discothèque... Pour lui, je me suis comportée comme une débauchée.

Elle sentit avec horreur ses yeux se remplir de larmes.

— Hé, protesta Emma, tu sais bien que c'est absurde !

— Peut-être, mais le résultat, c'est que je n'aurai plus jamais le droit d'aller au *Zig-Zag*.

— Quoi ? Il exagère. Même ma mère est d'accord, et pourtant... tu la connais ! Elle est vraiment moyenâgeuse.

— Je me suis bien amusée, soupira Sumitha. Seb est tellement mignon...

Emma sourit.

— Pas autant que Ted !

Sumitha baissa la voix car M. Todd montait sur l'estrade :

— Il te plaît vraiment, alors ?

— Tu peux le dire. Je meurs d'envie de le revoir, mais je n'ai pas beaucoup d'espoir.

« Ça y est ! pensa Sumitha. Je sais comment m'y prendre. Avec Emma comme alliée, ça pourrait marcher. »

M. Todd tapota le pupitre avec sa règle et la salle devint silencieuse.

1. Dans les écoles anglo-saxonnes, le directeur rassemble régulièrement tous les élèves pour leur annoncer les nouvelles et chanter des chants religieux. C'est une tradition. *(N.d.T.)*

— Tu aimerais vraiment le revoir ? murmura Sumitha.

Emma hocha la tête.

— Il y a peu de chances, ajouta-t-elle.

— Ça peut s'arranger, dit Sumitha.

— « *Priez pour nous au royaume des Cieux...* »

« Où est-il ? se demanda Laura. Où est Simon ? »

— « *Apporte à Ses pieds ton tribut...* »

« Là ! C'est lui, là-bas, à côté du voisin de John ! »

Elle se déplaça légèrement pour avoir une meilleure vue, entre l'oreille gauche de Mandy Fincham et la coiffure désolante de Warren Timbrell.

— « *Libéré, soigné, pardonné...* »

Il était vraiment sublime. Rien à voir avec les autres garçons – il y avait une sorte de calme, de sérénité chez lui... Comme s'il savait qui il était et n'avait rien à prouver.

— « *Chante éternellement Ses louanges...* »

Elle s'aperçut que John la regardait. Elle sourit faiblement quand leurs regards se croisèrent. Alors, elle sut. Elle ne pouvait pas continuer à se mentir. John était un très bon ami. Mais il ne lui donnait pas de picotements dans les orteils ni de frissons dans le dos.

Simon, si.

« Elle le regardait, pensa John, désespéré. Je suis sûr qu'il lui plaît. Il n'est pourtant pas si beau que ça. Pas vraiment. Sauf si on aime le genre pâle et délicat. Peut-être qu'il sait embrasser correctement, lui. Mais ils n'ont pas pu faire ça, pas encore. Elle l'a rencontré il y a seulement deux jours. Peut-être qu'il est doué pour la tchatche. Peut-être qu'il porte une lotion après-rasage sexy !

Peut-être que je vais le tuer. »

— Je suis vraiment désolée, mademoiselle McConnell, dit Julie de sa voix la plus humble, au début du cours. Ma mère a tout expliqué dans son mot.

Mlle McConnell hocha la tête.

— Très bien, déclara-t-elle. Du moment que tu apportes le travail demain. Je ne t'enlèverai pas de point.

— Merci !

— Oh ! et dis à ta mère que j'ai adoré son émission de la semaine dernière... J'ai trouvé ça très bien vu, ce qu'elle a expliqué sur l'importance du rôle des parents dans le développement de l'enfant.

« Dommage qu'elle ne soit pas capable d'appliquer les théories qu'elle prêche ! » pensa Julie.

— Je le lui dirai, répondit-elle avec un gentil sourire.

Pendant que sa fille débitait des mensonges à Mlle McConnell, Ginny Gee se préparait à convaincre Trudie Lambert que ses idées pour une Radio Leehampton relookée étaient, sans conteste, les meilleures. Elle avait veillé la moitié de la nuit pour taper une présentation qui, assurément, prouverait à Trudie que Ginny était jeune d'esprit, vive, innovatrice et totalement différente de la plupart des femmes de cinquante ans. Bref, qu'elle était indispensable.

Elle avait mis une éternité à choisir une tenue pour cette réunion de restructuration. Le bourdonnement des conversations cessa quand elle arriva à la radio ; elle conclut qu'elle était éblouissante. Certes, la fente sur le côté de sa robe en laine noire semblait monter un peu plus haut qu'elle ne l'avait cru dans la boutique et, avec cette bande de fourrure rose pâle autour du cou, elle devait constamment réprimer une pressante envie d'éternuer, mais cette robe, d'après Ginny, combinait un air d'autorité et d'expérience avec une touche de jeunesse exubérante. Exactement ce que Trudie recherchait, en fait.

Elle frappa à la porte de la salle de conférence et entra, s'attendant à y trouver toute l'équipe. En fait, Trudie trônait seule au bout de la table de réunion.

— Ah ! Ginny. Entre et assieds-toi.

— Je suis la première ? demanda Ginny.

— Hum, j'ai pensé que nous pourrions avoir une petite discussion. Toi et moi. Seules. Tu comprends, certaines choses doivent être dites.

Plus Sumitha réfléchissait à son plan, plus il lui semblait imparable. Emma voulait voir Ted ; Ted saurait où habitait Seb. Et si elles se débrouillaient bien, elles pourraient obtenir toutes les deux ce qu'elles voulaient. C'était du gâteau.

N'ayant aucun cours commun avec Emma, elle dut attendre l'heure du déjeuner pour lui parler.

— Alors, tu passes chez moi et on va chez Ted. Comme ça, tu le verras, et moi j'obtiendrai des infos sur Seb. Qu'est-ce que tu en penses ?

Emma fronça les sourcils.

— Je ne sais pas...

— Comment ça, tu ne sais pas ? Tu bavais littéralement devant lui, le soir du nouvel an ! protesta Sumitha.

Elle ne pouvait pas laisser Emma la lâcher maintenant.

— C'est pas ça, expliqua Emma, mais Rob a dit qu'il appellerait peut-être. Je le trouve un peu distant depuis qu'il est revenu du ski.

— Eh bien, il appellera... et tu seras sortie ! déclara fermement Sumitha. Il ne faut pas être trop disponible.

— Je sais... répondit Emma sur un ton qui suggérait le contraire. De toute façon, on ne peut pas débarquer chez Ted comme ça, en disant : « Salut, tu me plais et Sumitha aime bien Seb... Alors ? »

— Mais non, idiote, protesta Sumitha.

Elle prit une part de fromage.

— ... C'est bien plus subtil que ça. Tu fais un sondage.

— Pardon ?

— Notre devoir de géographie, tu sais, « Votre quartier offre-t-il suffisamment d'infrastructures de loisirs pour toutes les classes d'âge ? ».

Emma secoua la tête.

— Ça date du trimestre dernier, dit-elle en posant un bol de soupe sur son plateau. Je l'ai déjà rendu.

Sumitha soupira.

— Oui, je sais, reprit-elle patiemment, mais Ted ne le sait pas, lui ! Tu sonnes à sa porte, un bloc-notes à la main, tu expliques que tu dois faire des recherches pour un devoir et tu demandes si tu peux lui poser quelques questions. Il accepte...

— Et s'il refuse ?

— Il ne refusera pas, assura Sumitha en glissant son plateau sur une table. Asseyons-nous là.

Elle s'affala sur un banc et but un grand verre d'eau.

— Et si c'est sa mère qui ouvre la porte ?

— Arrête de chercher la petite bête ! On verra sur place. Bon, alors, tu le fais ?

— Elle fait quoi ?

Sumitha leva la tête et vit Laura, un crayon entre les dents, qui tenait en équilibre un plateau et une pile de livres.

— Oh, rien... marmonna Sumitha.

Emma se rongeait un ongle.

— OK, déclara-t-elle. Quand ?

— Ce soir.

Sumitha, dans sa quête du grand amour, ne pouvait plus attendre.

— Je ne peux pas, grogna Emma. Je dois être à la maison de bonne heure : les parents ont quelque chose à nous annoncer.

Laura, qui piochait un morceau de tomate dans son sandwich au fromage, sursauta :

— Ta mère est déjà enceinte ? Elle a fait vite !

— Quoi ? s'écria Emma.

Laura toussota.

— Rien... Fais pas attention, bafouilla-t-elle.

— Laura, dis-moi ! ordonna gravement Emma.

Laura haussa les épaules.

— C'est juste un truc que ton père a dit à la soirée... Je l'ai entendu. Apparemment, ils envisagent d'avoir un autre enfant et ça colle bien avec ses projets.

— Tu plaisantes ? Et c'est quoi, ses projets ? demanda Emma, les dents serrées.

— Aucune idée.

— C'est n'importe quoi. Papa n'arrête pas de se plaindre que quatre enfants, ça coûte cher. D'ailleurs, on n'a plus de chambre libre.

— Eh bien, je te raconte juste ce que j'ai entendu. Tu sauras tout ce soir, de toute façon.

— Génial, grinça Emma.

— Alors, tu passes après ? insista Sumitha.

— Je viendrai, répondit Emma. Si Laura dit vrai, je déciderai peut-être même de quitter la maison pour de bon.

9

LES PARENTS, QUELLE GALÈRE !

Quand John ouvrit la porte d'entrée et jeta son sac de sport au pied de l'escalier, la voix de sa mère lui perça les tympans :

— Bon sang, Henry, tu parles comme une mauvaise série télé !

— Ah oui ? répliqua la voix d'Henry derrière la porte fermée de la cuisine. De toute façon, tu m'as toujours trouvé mauvais, n'est-ce pas ? Je ne serai jamais à la hauteur de ton merveilleux papa...

— Laisse mon père en dehors de ça ! Nous ne parlons pas de lui, nous parlons de toi.

— Ah, tu as saisi ça ! rétorqua Henry. Tu as vraiment compris que nous parlons de MOI, de MA vie, de MON bonheur ! Quelle surprise, moi qui croyais que nous n'avions le droit de penser qu'à ce que TOI, tu veux !

— Tu es injuste !

John comprit que sa mère était au bord des larmes, sa voix tremblait ; il en eut assez.

— Vous ne pouvez pas la fermer, tous les deux ! s'écria-t-il en poussant la porte de la cuisine.

Son père était agrippé au bar, les dents serrées, et sa mère tordait un torchon entre ses mains en reniflant.

— Qu'est-ce qui se passe ?

— Rien, dit Anona.

— Rien ? répéta John, sarcastique. Vu le bruit que vous faites, je pensais bien que ce n'était rien.

Henry se tourna vers lui.

— Ta mère a parfaitement raison. Ce n'était rien. Après tout, mes sentiments, mes espoirs, mes ambitions, quelle importance ?

— Si tu veux le savoir, cracha sa mère, ton père veut prendre sa retraite.

À entendre la manière dont elle prononça ces mots, on aurait pu croire qu'Henry avait décidé de piloter la prochaine fusée en partance pour la lune.

— Et alors ? dit John. Qu'est-ce qu'il y a de mal à ça ? Ça le regarde, non ?

Henry lui adressa un regard reconnaissant.

Anona jeta une assiette dans l'évier.

— Tu serais content, hein, John ? Nous allons vendre cette maison et nous installer dans une petite ferme d'un trou paumé en Cornouailles. « Le retour aux sources », voilà comment ton père appelle ça, je crois. Retourner vivre au contact de la nature ou une autre stupidité de ce genre.

— Quoi ? s'étrangla John. Mais pourquoi ?

— Est-ce que c'est si déraisonnable ? demanda Henry. Je veux juste quitter le stress de la ville et passer quelques années à regarder le soleil se lever, sentir le parfum des fleurs, naviguer en mer...

— Eh bien, va renifler tes maudites fleurs, alors ! hurla Anona. Mais ne compte pas sur moi pour venir avec toi !

— Tu t'en fiches complètement, hein ?

Henry saisit son sweat-shirt sur le dossier d'une chaise et ouvrit la porte de derrière.

— Attends, Papa ! s'écria John. C'est pas possible, tu ne le penses pas vraiment ?

— Ah non ? jeta Henry.

— Où vas-tu ? demanda Anona.

— Je sors d'ici avant de faire un malheur, dit Henry, et il claqua la porte.

Julie tourna à l'angle de Thornburn Road et remarqua avec surprise que la voiture de sa mère était déjà garée dans l'allée. Elle ne rentrait jamais si tôt, d'habitude. Elle avait dû se rappeler qu'elle avait promis d'aider sa fille pour sa dissertation. « Elle m'étonnera toujours ! » pensa Julie.

Elle lâcha son sac dans le couloir et gagna la cuisine. Ginny était pendue au téléphone ; elle ne se retourna pas quand Julie heurta un tabouret et renversa une pile de papiers.

— Puis-je parler à Barry Gee, s'il vous plaît ? C'est très urgent.

— Une tasse de thé, Maman ? proposa Julie.

Tout ce qui pouvait encourager sa mère à faire la dissert, plutôt que proposer seulement une ou deux idées, valait la peine d'être tenté.

Ginny agita la main avec impatience.

— Chuuuuut ! siffla-t-elle.

« Charmant », pensa Julie en jetant des sachets de thé dans la théière.

— Dites-lui de rappeler dès qu'il aura fini, d'accord ? Merci.

Elle raccrocha brutalement.

— Merde ! grogna-t-elle.

Elle s'affala sur une chaise et passa distraitement la main dans ses cheveux, qu'elle venait de faire permanenter.

Julie observa sa mère. Elle était toute rouge et son mascara avait coulé sur ses pommettes.

— Ça va ? risqua Julie.

— Moi ? Oh, génial ! s'exclama sa mère. Ça n'a jamais été mieux.

— Parfait, dit Julie. Alors, on commence cette dissert ?

— Quelle dissert ?

— Tu te souviens... Tu m'as promis, ce matin !

Ginny soupira.

— Pas maintenant, Julie. J'ai bien trop de soucis.

— Mais tu m'avais PROMIS ! hurla Julie.

Ginny se mordit la lèvre.

— Oh, flûte... C'est une dissert de quoi ?

— De sociologie.

Ginny haussa les sourcils.

— Ah, ces matières modernes, dit-elle avec humeur. La solution de facilité, si tu veux mon avis.

Sachant que sa mère avait passé un bac ordinaire, hyper-facile, et n'avait même pas subi le stress du contrôle continu, Julie la trouvait mal placée pour faire ce genre de commentaires. Mais elle jugea plus diplomatique de ne rien dire. Du moins, pas avant que la dissertation soit rédigée.

Elle prit son sac dans le couloir et sortit un classeur.

— Juste le premier paragraphe... supplia-t-elle.

Ginny enfila ses lunettes.

— Donne-moi ça. C'est quoi, le sujet ?

— « Le chômage et ses effets sur la vie de famille », récita Julie.

Ginny repoussa sa chaise et se leva.

— Tu trouves ça drôle ! cria-t-elle.

— Pardon ?

— Après tout ce qui s'est passé aujourd'hui... commença Ginny, les yeux pleins de larmes.

— Quoi ? Qu'est-ce qui s'est passé ?

— Ils... Je... Oh, rien, va-t'en, laisse-moi seule quelques minutes. S'il te plaît.

— Mais Maman...

— VA-T'EN !

Julie sortit en levant les yeux au ciel.

Laura avait traîné pendant des heures après les cours de l'après-midi, mais elle n'avait vu Simon nulle part. En plus, elle avait raté les deux bus ; elle était obligée de rentrer chez elle à pied. Elle traversa la cour du lycée, regardant par-dessus son épaule toutes les deux secondes dans l'espoir de voir Simon se matérialiser brusquement.

— Pitié, pitié, qu'il apparaisse ! marmonna-t-elle.

Elle se cogna contre une pile de boîtes en plastique.

— Vous ne pouvez pas regarder où vous allez ! hurla une voix furieuse derrière les boîtes qui s'éparpillèrent sur le trottoir. Oh ! c'est toi !

Laura resta bouche bée. Miracle !

Simon, à quatre pattes sur le trottoir, lui jeta un regard qui aurait dû l'anéantir sur place.

— Oh là là, je suis désolée ! s'étrangla-t-elle. J'étais ailleurs.

Elle fourra son livre dans son sac et se baissa pour l'aider à ramasser ses affaires.

Simon afficha un large sourire ; Laura sentit ses genoux mollir.

— Ça va, dit-il. C'était idiot d'essayer de rentrer chez moi avec tout ça.

— Qu'est-ce qu'il y a dedans ?

— Du pain aux tomates séchées, de la quiche, des tartes à la crème... Ça vient du cours de cuisine.

Laura écarquilla les yeux.

— Tu suis un cours de cuisine ? Tu rigoles !

Simon secoua la tête.

— Je ne devrais pas ?

— Eh bien, en général, les garçons...

— Arrête, Laura ! Ne me dis pas que tu penses que la cuisine est réservée aux femmes. C'est un cliché !

— Bien sûr que non ! protesta Laura. C'est pour ça que tu travaillais pour le père de Julie ? Tu veux devenir cuisinier ?

— Ou nutritionniste. Ou peut-être responsable de la rubrique cuisine dans un magazine... Je n'ai pas encore décidé.

— Et je viens de gâcher ton travail d'aujourd'hui, je suppose, gémit Laura. Je suis désolée... Laisse-moi t'aider à porter tout ça.

Simon parut hésiter.

— Tu vas dans quelle direction ?

« Ça dépend de la tienne », songea Laura.

— Berrydale, lâcha-t-elle en priant pour qu'il n'habite pas du côté opposé.

— Cool ! Je suis dans l'allée Byron. Si on prenait le raccourci par les lotissements ?

« Merci, mon Dieu », pensa Laura.

— J'espère que ta mère n'avait pas prévu de servir tout ça ce soir.

Le visage de Simon s'assombrit.

— Ma mère est morte. D'un cancer. Il y a deux ans.

Laura se sentit affreusement mal.

— Je... je suis désolée. Ça a dû être horrible.

Simon hocha la tête :

— C'est tellement dur de regarder souffrir quelqu'un que tu aimes, sans pouvoir rien faire ! Ça fait paraître tellement... insignifiant tout ce que tu croyais important, tu comprends ?

Il avala sa salive avec difficulté.

Timidement, sans être tout à fait sûre de bien faire, Laura lâcha son sac et lui posa la main sur le bras.

— Ça va ? demanda-t-elle.

— Attention ! lança une voix tonitruante, derrière elle.

Simon lui saisit le bras et la tira sur le côté. Ils avaient failli entrer en collision avec un gros homme en sweat-shirt violet et pantalon jaune, qui courait tête baissée en faisant autant de bruit qu'une locomotive.

— Laura !

— Bonjour, monsieur Joseph... dit-elle faiblement. Elle se remémora la scène qu'elle avait faite au *Giga* et son cœur se serra.

— Avec le roi du *haggis* ! lança le père de John, qui continuait à courir sur place, le visage ruisselant de sueur. Eh bien, Laura, tu n'es pas en train de tromper mon fiston, j'espère !

Laura secoua la tête, gênée. Elle se sentait coupable.

— Oh non, intervint Simon. Nous rentrons ensemble, simplement.

— Ah oui ? Je vais vous croire, mais des milliers d'autres ne vous croiraient pas !

Là-dessus, il tira sur son sweat-shirt et s'éloigna à pas lourds, avant de tourner au coin de la rue.

— J'espère qu'il n'a pas pensé... commença Simon, inquiet.

— Mais non, coupa Laura. Il ne pense jamais.

— Nous avons une grande nouvelle à vous annoncer, déclara la mère d'Emma quand elle eut servi de généreuses parts de quiche au crabe.

Emma retint son souffle.

— On va avoir une piscine ? hurla Samuel.

« Ça doit être ça, songea Emma, soulagée. Papa y pense depuis une éternité. »

— Non, dit son père.

— On va à Disneyland ! s'écria Luke, la bouche pleine de purée.

« Encore mieux », pensa Emma.

— Voulez-vous vous taire ? Écoutez ! ordonna leur père.

« C'est un bébé, alors, conclut Emma. Oh ! non, pitié ! À leur âge. C'est obscène ! »

— Votre père, reprit Claire en se tapotant soigneusement la bouche avec le coin de sa serviette, a un nouveau travail.

Emma soupira de soulagement. Pas de bébé.

— Alors nous allons déménager, continua sa mère. Elle semblait assez nerveuse.

— Génial ! s'exclama Daniel.

— Je pourrai avoir la plus grande chambre ? demanda Luke.

— Non, protesta Samuel.

— DÉMÉNAGER ? explosa Emma. Mais on vient juste d'arriver ici ! Pourquoi il faudrait qu'on déménage ?

Claire regarda Andrew. Il reposa son couteau et sa fourchette.

— Parce que le poste est en Écosse, dit-il.

— En ÉCOSSE ! s'étrangla Emma en repoussant son assiette.

— C'est excitant, non ? hasarda sa mère.

— Je ne pars pas en Écosse, un point c'est tout, affirma Emma.

— Ne sois pas bête, petite fleur, répliqua sa mère. C'est un beau pays.

Emma se rendit compte qu'elle n'avait pas l'air convaincue.

— Il pleut sans cesse, il gèle et ils mangent du *haggis* tout le temps, rétorqua-t-elle.

— Pas vraiment ! corrigea son père, amusé. C'est un endroit formidable... des gens merveilleux, une culture très intéressante, et le paysage...

— Ça m'est égal, coupa Emma. Je n'y vais pas.

Mme Farrant se leva pour débarrasser la table.

— Bien sûr que tu viens, chérie. Nous y allons tous.

— Mais inutile de t'inquiéter, ajouta son père. Nous ne te demandons pas de venir avant d'avoir passé le brevet.

— Comme c'est gentil de votre part, siffla Emma. Alors, vous filez tous à Édimbourg, ou à Glasgow, ou...

— À Auchinchulish, pour être exact, précisa son père.

— Okinquoi ? demanda Samuel.

— Auchinchulish, répéta son père. L'un des grands hôpitaux universitaires d'Aberdeen possède une unité de recherche là-bas, et j'ai été désigné pour diriger le département ORL. C'est au bord d'un loch, au milieu de nulle p... euh, je veux dire, au cœur du pays.

Emma bondit sur ses pieds.

— Oh, génial. Non seulement vous proposez de me traîner loin de mes amis encore une fois, mais en plus vous voulez nous planter à des kilomètres de tout, juste pour que tu puisses faire tes stupides recherches. C'est tellement égoïste !

Son père lui posa la main sur le bras. Emma se dégagea.

— Et mes cours de théâtre ? Mlle Ockley m'a sélectionnée, je passe l'audition pour la pièce qui se joue au *Royal* cet été, et il y a la pub Zipzap...

— Tu ne feras pas cette publicité, coupa son père. Je te l'ai déjà dit.

— C'est ça ! Toi, tu fais ce que *tu* veux, et moi, je n'ai même pas le droit *d'envisager* de faire un truc qui m'intéresse ! cria Emma en retenant ses larmes. Eh bien, tu peux toujours courir !

Mme Farrant se passa une main lasse sur le front.

— Ton père fait de gros efforts pour te trouver un bon lycée où préparer le bac, chérie...

— Eh bien, ce n'est pas la peine qu'il se fatigue, parce que je n'irai pas en Écosse, je ne passerai pas le bac et je ne vous laisserai pas gâcher ma vie !

Elle ouvrit la porte de derrière.

— Et où crois-tu aller, jeune fille ? questionna sévèrement son père.

— N'importe où, pourvu que ce soit loin de vous ! hurla Emma en sortant, furieuse.

— Elle est fâchée, fit remarquer Daniel.

— Elle est vraiment, vraiment, fâchée, renchérit Luke.

— Elle a quinze ans, soupira sa mère.

10

SUMITHA EST SUR UN PETIT NUAGE

Sumitha avala son dessert à toute vitesse. Tout ce qu'elle voulait, c'était monter dans sa chambre pour relire cette merveilleuse lettre.

— Sumitha, doucement ! la réprimanda sa mère. Tu vas te rendre malade.

— J'ai des tas de devoirs à faire, dit-elle en adressant un sourire de fille consciencieuse à son père. Les examens sont dans quelques jours... Je ne peux pas me permettre de perdre du temps.

Son père hocha la tête en signe d'approbation.

— Je suis heureux de voir que tu prends tes études au sérieux, déclara-t-il. Que tu te concentres sur les choses importantes.

— Oui, mais ne travaille pas trop dur, intervint sa mère. Je vais chercher ton frère à l'école. Ensuite je passe la soirée chez Emily. Soirée entre filles, ajouta-t-elle en guise d'explication.

« Génial, pensa Sumitha. Ça tombe bien. »

— Papa, fit-elle d'une voix timide, Emma passe à la maison tout à l'heure. On travaille ensemble sur un devoir de géographie. On doit faire la tournée des voisins avec un questionnaire.

Aussitôt, son père fronça les sourcils.

— J'ai expliqué à Mlle McConnell que tu ne voudrais pas que j'aille sonner aux portes toute seule, poursuivit Sumitha, en croisant l'index et le majeur de chaque main derrière son dos. C'est pour ça qu'elle a suggéré que nous fassions équipe.

— C'est bien d'y avoir pensé, Sumitha. Je n'ai pas d'objection à ce que tu t'associes à tes amies quand c'est dans un but raisonnable.

Sumitha lui adressa un sourire angélique et se leva. S'il savait !

Emma claquait des dents. Filer de la maison pour marquer le coup, d'accord, mais le faire en plein mois de janvier, alors qu' il commençait à neiger, c'était autre chose. « Je devrais peut-être rentrer, songea-t-elle. Mes parents vont s'inquiéter. Tant pis, ça leur fera les pieds. » Elle pressa le pas et s'engagea dans la rue où habitait Sumitha.

Elle avait l'impression d'avoir reçu un coup dans l'estomac. Elle n'arrivait pas à y croire. C'était tellement égoïste ! Pourquoi son père ne pouvait-il pas rester ici, continuer à arracher les amygdales des gens et à enfoncer des drains dans les oreilles des gosses, au lieu de les traîner dans un trou perdu dont personne n'avait jamais entendu parler ? En Écosse, on mangeait ce plat immonde que Barry avait servi pour le nouvel an. Eh bien, elle n'irait pas, point final.

Les jumeaux ne voudraient pas quitter leur école ; Sam serait furieux d'abandonner les louveteaux, le judo et l'équipe junior de football. Et mamie serait anéantie – elle se plaignait assez des trois heures de train qui les séparaient du Sussex, alors que penserait-elle de l'Écosse ! Emma n'osait même pas l'imaginer.

Mamie ! Bien sûr. Elle les raisonnerait. Ils n'avaient sans doute pas encore eu le cran de lui annoncer la nouvelle. Dans ce cas, Emma devait la préparer.

Mamie était tellement plus raisonnable que ses parents ! Elle arrangerait tout.

Emma s'apprêtait à appuyer sur le bouton de la sonnette quand la porte d'entrée s'ouvrit. Mme Banerji, vêtue d'un manteau noir qui lui arrivait aux chevilles, la tête et les épaules protégées par au moins cinq écharpes, leva les bras au ciel, horrifiée.

— Emma ! Mon Dieu ! Tu n'as pas de manteau ! Ma chérie, tu vas mourir de froid ! Entre, entre. Comment vas-tu ? Et ta mère ? Elle sera chez Emily ce soir ?

Emma hocha la tête.

— On s'amuse toujours beaucoup. On... comment appelez-vous ça ? On *palote* ?

Emma gloussa.

— On *papote*, rectifia-t-elle.

— Voilà, on s'échange les nouvelles. Enfin, il ne se passe pas grand-chose d'intéressant, chez nous, ajouta Mme Banerji en soupirant.

— Vous avez de la chance, répliqua Emma.

— Lis ça ! Lis ça !

Sumitha jeta la lettre dans les mains gelées d'Emma en sautillant, surexcitée.

— T'as lu ? C'est incroyable, non ?

— Donne-moi une minute, dit Emma.

Elle parcourut les lignes.

Chère Sumeeta (c'est comme ça que ça s'écrit ?),

Je serais bien passé chez toi mais je suppose qu'après l'autre soir, ton père ne me laisserait pas entrer. Ce qu'il est sévère !

Il faut qu'on te parle du Concours des Groupes. Ted pense que tu es exactement ce qu'il nous faut. D'après lui, si tu dansais comme samedi, on gagnerait sans problème.

Réfléchis-y, s'il te plaît. Maintenant qu'on a vu ce que

tu es capable de faire, on sait qu'on peut obtenir la première place.

Tu es vraiment extra.

Salut !

Seb

— Waow !

Sumitha fut ravie de voir qu'Emma restait sans voix.

— Tu as lu le passage où il dit que je suis extra ?

— Oui. Alors, tu vas le faire ?

— Faire quoi ?

— Ça... le Concours des Groupes ?

Sumitha soupira et s'effondra sur le lit.

— Avec le père que j'ai ? Après ce qu'il a fait samedi ? Je n'ai déjà plus le droit d'aller dans une discothèque normale ! Tu l'imagines me laisser danser dans un concours ?

Emma secoua la tête.

— Pas vraiment, admit-elle. Sauf, bien sûr, si tu ne lui dis rien.

Sumitha se mordit la lèvre.

— Je ne pourrais pas le faire derrière son dos. Je sais qu'il est super-casse-pieds et tout, et parfois il me tape vraiment sur les nerfs... mais d'après Maman, c'est parce qu'il tient à moi. Dans notre culture, on protège beaucoup plus les filles que chez vous.

Emma hocha la tête.

— Chez nous, les parents négligent leurs enfants à un point scandaleux, marmonna-t-elle.

Sumitha la fixa avec stupeur.

— Il s'est passé quelque chose ?

— C'est juste que mon père a l'intention de ruiner mon avenir... Oh ! bon, je te raconterai en allant chez Ted ! On y va toujours ? ajouta-t-elle, inquiète.

— Bien sûr. Après tout, ce serait grossier de ne pas écouter ce que les voisins ont à dire sur notre passionnant sujet d'enquête, n'est-ce pas ?

— Très grossier, renchérit Emma en souriant. Très, très grossier.

11

QUE VA DEVENIR GINNY ?

Ginny Gee fit gronder le moteur de son Austin et descendit l'allée en marche arrière, à toute allure. Elle n'avait pas vraiment envie d'aller chez Emily, mais tout valait mieux que rester à la maison à s'angoisser parce que sa vie était finie.

Comment pouvaient-ils lui faire ça ? Supprimer son émission de radio du jour au lendemain ? Ignorer toutes ses nouvelles idées ? D'accord, son taux d'écoute avait baissé, mais ce n'était pas sa faute ; s'ils lui avaient accordé un créneau horaire décent, au lieu de la programmer au milieu de l'après-midi, quand les mères filent chercher les gamins à l'école et foncent au supermarché, elle aurait reçu davantage d'appels.

C'était la faute de cette Trudie Lambert. Pour qui se prenait-elle ? Débarquer comme ça et tout changer ! Petite peste prétentieuse ! Elle voulait que les patrons la remarquent ; pour y arriver, elle était prête à tout. Oser lui dire, à elle, Ginny, qu'elle ne correspondait pas à la nouvelle image, plus jeune et plus audacieuse, de Radio Leehampton !

Elle essuya ses larmes et prit une profonde inspiration. Il ne fallait pas que les autres remarquent son désarroi. Elle regrettait d'avoir craqué et fondu en larmes devant Julie, mais cette dissertation sur le chômage, c'était le pompon ! Elle était Ginny Gee, l'animatrice de la radio locale. Des femmes l'arrêtaient dans la rue ; les caissières du supermarché faisaient des commentaires sur sa dernière émission. Les gens la respectaient.

Si elle n'était plus Ginny Gee, l'animatrice, alors qui était-elle ?

— Bon, si tu ne veux pas... dit Ted en balançant ses longues jambes sur le côté du canapé en cuir. Mais je ne vois pas pourquoi.

— Oh, arrête, Ted ! s'écria Seb en faisant tournoyer une baguette. Elle vient de l'expliquer.

Sumitha avait eu la bonne surprise de trouver Seb chez Ted. Quand elle avait annoncé qu'elle ne pourrait pas danser pour le concert, sa déception évidente l'avait flattée.

— Ce n'est pas une sortie dans tout le trimestre qui va te faire louper tes exams ni affoler ton père ! insista Ted.

— Tu ne connais pas son père, intervint Emma.

— Stricts, tes parents, hein ? railla Ted.

— C'est juste qu'il tient à moi... commença Sumitha, avant de se demander pourquoi elle éprouvait le besoin de se justifier. Et, de toute façon, il y aura aussi des répétitions !

— Tu n'as pas répété pour le nouvel an, rétorqua Ted. Et c'était cool !

— C'était juste pour rire... là, c'est sérieux, objecta Sumitha. Il faudrait que je mette au point une vraie chorégraphie...

— Je sais ! s'exclama Seb, excité. Tu emportes une cassette de notre chanson chez toi, tu règles tout, et ensuite on n'aura plus qu'à se réunir juste avant le concert pour une répétition. Tu es tellement douée... On a confiance en toi. Et comme ça, ton père n'aura pas besoin d'être au courant !

Il prit la main de Sumitha.

— Allez, essaie ! Tu n'as rien à perdre.

Sumitha hésita. C'était tellement tentant ! Et Seb lui serait reconnaissant si elle acceptait ! Il ne s'agissait que d'un soir, après tout. Pourtant son père ne la laisserait jamais sortir.

— Je pourrais être ton alibi, suggéra brusquement Emma. Tu peux venir t'entraîner chez moi... Ton père n'y verra que du feu.

— Génial ! s'exclama Seb. Le concert a lieu samedi, au centre de loisirs de Leehampton ; tu as tout le temps.

— Nous serons en plein brevet blanc ! s'exclama Sumitha.

— Sumitha... dit patiemment Emma. Ce n'est que le brevet *blanc*. Pas l'examen. Et tu es la meilleure de la classe... Tu ne risques pas de le rater parce que tu seras sortie un soir.

Sumitha prit une profonde inspiration.

— Bon, où est cette cassette, alors ? demanda-t-elle.

Seb sourit.

— Tu vas le faire !

— Je vais y réfléchir, précisa-t-elle. Je vous tiendrai au courant.

— On a besoin de savoir maintenant, insista Ted.

— Non, trancha Seb. Ça ne changera rien. On participe, de toute façon.

Ted haussa les épaules et afficha un air boudeur.

— Il n'est pas aussi cool que je le pensais, commenta Emma sur le trajet du retour. Je pense que je vais rester avec Rob.

Sumitha la regarda avec surprise.

— Je croyais que tu avais proposé de m'aider juste pour revoir Ted !

Emma secoua la tête.

— Je sais ce que c'est d'être contrarié dans ses

rêves. Mes parents font tout ce qu'ils peuvent pour me gâcher la vie avec cette idée ridicule d'aller en Écosse, et je ne vois pas pourquoi les tiens devraient te faire la même chose. Voilà tout.

— J'ai une dette envers toi, déclara Sumitha.

— Très bien ! répondit Emma. J'espérais que tu verrais les choses comme ça. Voilà ce que j'aimerais que tu fasses...

— Ouf, c'est bon de se trouver avec des gens sains d'esprit !

Anona Joseph s'affala sur le canapé et accepta avec gratitude le verre de vin blanc qu'Emily lui proposait.

— Si j'avais passé une minute de plus dans cette maison, je jure que j'aurais commis un meurtre !

— John fait sa crise d'adolescence ? s'enquit Chitrita Banerji.

— John ? Non, il est relativement civilisé... C'est Henry. Il me rend folle. Il veut prendre sa retraite.

Emily fronça les sourcils.

— Eh bien, il a cinquante-cinq ans, non ? Est-ce si grave ?

— Grave ? C'est une catastrophe ! s'exclama Anona. Il prêche le retour aux sources. Il dit qu'il en a assez du stress permanent. Personnellement, je pense que c'est la faute de la télé.

Quatres paires de sourcils se haussèrent légèrement, dans l'attente d'une explication.

— Avec toutes ces émissions sur le bien-vivre et comment cultiver ses carottes soi-même, vous voyez le genre... Maintenant, Henry a cette idée folle : déménager en Cornouailles, acheter une petite ferme et vivre en autarcie... Vous savez, avec des chèvres, des ruches, et en recyclant les sachets de thé. Honnêtement, vous me voyez mettre des prunes en bocaux ?

Les autres éclatèrent de rire.

— Tu n'es pas sérieuse ? s'étrangla Emily.

— Pourquoi en Cornouailles ? s'étonna Ginny.

— Aucune idée, répliqua Anona.

— Tu vas y aller ? s'enquit Claire en se rongeant un ongle.

— Sûrement pas. John passe le bac l'an prochain, je suis en plein milieu de mes études et je commence tout juste à recevoir des commandes de temps en temps. En plus, on vient à peine de rembourser l'emprunt. Je ne bouge pas.

— Et Henry ? demanda Chitrita.

Elle enviait un peu les femmes occidentales, qui parviennent à tenir tête à leur mari.

— Oh, il s'en remettra... fit Anona d'un ton dégagé. Je vais simplement l'ignorer. Qui veut partir et changer de vie, à notre âge, de toute façon ?

— Andrew, dit doucement Claire.

Toutes se tournèrent vers elle, ahuries.

— Pardon ?

— Ah, oui ! Henry en a parlé, samedi, se rappela Anona. Un nouveau boulot, c'est ça ?

— Où ? interrogèrent les autres en chœur.

— En Écosse, expliqua Claire. Meilleur salaire, plus de prestige, une jolie maison au bord d'un...

Elle s'interrompit et fondit en larmes.

— Et tu n'as pas envie d'y aller ? demanda gentiment Emily en lui tendant une boîte de mouchoirs.

Claire haussa les épaules.

— Pas trop. Et Emma encore moins. Quand nous lui avons annoncé notre décision, elle est partie furieuse, en hurlant qu'elle ne viendrait pas... À son retour, elle m'a même traitée de mauvaise mère.

— Oh, ce refrain-là, nous y avons toutes eu droit ! s'écria Ginny, qui grignotait des noix de cajou. Cela dit, c'est difficile, les déménagements, à cet âge-là. Et les examens ?

— Je reste ici jusqu'à la fin du brevet, et nous rejoindrons tous Andrew en juin, expliqua Claire.

— Il a de la chance que tu sois si accommodante, commenta Emily. Je crois que je ne voudrais pas d'un tel bouleversement.

— Je n'y tiens pas trop, répondit Claire. Mais quand nous aurons notre bébé...

— Tu es enceinte ? s'étrangla Emily.

— Pas encore. Nous essayons.

— Claire ! explosa Ginny. Tu as quarante-cinq ans !

— Quarante-quatre, corrigea Claire.

— C'est insensé, s'écria Ginny. Tu auras la soixantaine passée quand ce gamin quittera le lycée.

Claire se tourna vivement vers elle et cria :

— Je sais, je sais !

Cela ne lui ressemblait pas du tout ; les autres retinrent leur souffle.

— ... Je sais tout ça. Mais pour toi, c'est facile. Tu as un bon travail, les gens te respectent... et si tu déménageais, il te suffirait de trouver une autre émission de radio dans une autre station ! Moi, à part élever des gosses et donner un coup de main à la crèche... Alors, il faudra bien que je m'occupe à Auchinchulish, non ?

Elle s'interrompit pour se moucher.

— Je suis désolée, s'excusa Ginny, honteuse. Même si tu te trompes à mon sujet...

Elle regretta aussitôt sa dernière phrase.

— Qu'est-ce que tu veux dire ? demanda Emily.

— Je n'ai pas un bon travail. J'*avais* un bon travail. Ils m'ont virée. Aujourd'hui. Je peux avoir un mouchoir, s'il vous plaît ?

12

JULIE TROUVE L'INSPIRATION

LE CHÔMAGE ET SES EFFETS SUR LA VIE DE FAMILLE

Le chômage, ça signifie que le foyer reçoit moins d'argent et qu'il devient difficile de payer les factures.

Le chômage, c'est dur pour les familles parce que manquer d'argent signifie que tout le monde doit...

Julie déchira la page de son cahier et la chiffonna. C'était mauvais. Elle n'arrivait même pas à rédiger le premier paragraphe ; comment pourrait-elle rendre quatre pages le lendemain à Mlle McConnell ? Il ne lui restait qu'une solution : recopier les tartines de statistiques ennuyeuses de son manuel de sociologie et ajouter quelques virgules et adjectifs en espérant que son professeur ne remarquerait pas le subterfuge. Mais elle le remarquerait. Elle le remarquait toujours.

Julie venait de recopier le sujet pour la cinquième fois quand la porte d'entrée claqua. La voix de son père résonna dans l'escalier :

— Ginny ! Je suis rentré !

— Salut, Papa ! cria Julie en gagnant le palier. Maman passe la soirée chez Emily.

— Ah bon, fit son père en gravissant les marches quatre à quatre. C'était quoi, le problème ?

— Le problème ?

— Elle a téléphoné pendant que j'étais en réunion. Elle a dit que c'était très urgent.

— Ah, ça ! Je ne sais pas... Elle était d'une humeur de chien quand je suis rentrée.

Barry soupira.

— La réunion ne s'est pas bien passée, alors ? demanda-t-il.

— Quelle réunion ?

— Tu ne t'intéresses jamais au travail de ta mère ? Il y avait une grande réunion de restructuration, aujourd'hui, à la radio...

Julie haussa les épaules.

— Ah ouais. N'empêche qu'elle m'avait promis de m'aider pour ma dissertation. Mais quand je lui ai lu le sujet, elle m'a envoyé promener. Alors tu veux bien m'aider ? S'il te plaît ? Pour me sauver la vie ?

Barry secoua la tête.

— La dernière fois que j'ai rédigé une dissertation, il y avait des dinosaures au fond du jardin. Je ne te serai d'aucune utilité.

— Mais si, insista Julie. C'est sur le chômage et la façon dont ça affecte les gens.

— Sur quoi ?

Barry se figea.

— Le chômage et... ah !

Ils se regardèrent tous deux fixement.

— Tu as lu le sujet à ta mère, et elle s'est énervée ?

Julie hocha la tête.

— Maintenant, nous savons comment la réunion s'est terminée, déclara Barry.

Julie secoua vigoureusement la tête.

— Arrête, Papa. Les gens comme Maman ne perdent pas leur boulot. Elle est vraiment douée pour ce qu'elle fait. Obsessionnelle mais douée.

— Moi aussi, j'étais doué pour mon boulot. Ça ne

les a pas empêchés de me licencier, il y a deux ans ! Tu te rappelles dans quel état j'étais ?

— Si je m'en souviens ! Tu étais tout le temps déprimé, grognon, incohérent... Voilà !

— Voilà quoi ?

— La dissert ! s'écria Julie. Oublions les statistiques... Je peux rédiger un témoignage criant de vérité. D'abord toi, et maintenant Maman... Je vais raconter comment ma vie a été bouleversée.

Elle marqua une pause.

— Papa ?

— Mmm ?

— Si Maman a *vraiment* perdu son boulot, vous me donnerez quand même de l'argent de poche ?

— Je suppose que oui, répondit son père avec un sourire ironique. Ne serait-ce que pour avoir la paix le samedi, quand tu sors le dépenser.

Ce que l'on prend rarement en compte lorsque l'on étudie le chômage, écrivit Julie, *ce sont les effets traumatisants sur les enfants du foyer, qui ont souvent eux-mêmes des problèmes importants et doivent néanmoins endurer sans broncher les sautes d'humeur de leurs parents, la réduction de leur train de vie et leurs disputes permanentes...*

C'était un bon début. Julie but une gorgée de Coca et tourna la page.

13

FRICTIONS

Le lendemain matin, quand il descendit prendre son petit déjeuner, John fut soulagé de ne trouver que son père dans la cuisine. Ses parents n'étaient pas capables de rester dans la même pièce cinq minutes d'affilée sans se jeter des assiettes à la tête. John se réjouit de pouvoir manger ses céréales dans le calme, ou presque.

— Papa, tu es vraiment sérieux quand tu parles de prendre ta retraite ? demanda-t-il timidement.

— Je n'ai jamais été plus sérieux. J'en ai absolument ras le bol de travailler dans un environnement que je déteste, avec des gens que je méprise, et de faire un boulot qui ne me donne aucune satisfaction.

— OK, prends ta retraite alors, mais c'est quoi, ce délire à propos de la campagne ?

— Nouveau début, nouveau départ, nouvelle vie, déclara Henry en engloutissant à toute vitesse ses céréales. Voilà ce que je veux : une vie.

— Une vie ? Cultiver des légumes, élever des poules... Ça m'a l'air d'une mort lente, oui ! Maman n'acceptera jamais, de toute façon.

Henry le regarda droit dans les yeux.

— Non, tu as sans doute raison, dit-il tranquillement. Mais ça, c'est son problème.

John resta bouche bée.

— Tu ne partirais pas... sans elle ?

Henry haussa les épaules et resta silencieux.

— PAPA ! Tu es devenu fou, ou quoi ?

Henry soupira.

— Non. Par contre je vais le devenir si ça continue comme ça. Alors, pour une fois dans ma vie, je vais penser d'abord à moi.

— C'est tellement égoïste ! hurla John. Eh bien, inutile d'imaginer que j'irai où que ce soit avec toi, et comme Maman refusera... tu te retrouveras tout seul !

Son père haussa les épaules.

— Nous verrons. Bon, tu veux faire un petit jogging avec moi avant le lycée ? Prendre l'air, ça va me rafraîchir les idées avant cette fichue réunion.

John le regarda.

— Non. D'ailleurs, tu ne devrais pas courir juste après le petit déjeuner.

— Oh, je n'ai presque rien mangé. De toute façon, je vais juste faire le tour du pâté de maisons.

Il repoussa sa chaise et déposa son bol dans l'évier.

— À propos... reprit-il. J'ai vu Laura hier soir, quand je suis allé courir.

— Tu lui as parlé ? s'inquiéta John.

Son père était déjà difficile à gérer quand il se taisait, mais dès qu'il ouvrait la bouche, il devenait un vrai danger public.

Henry hocha la tête.

— Elle était avec ce garçon... Simon. Ils m'ont semblé très proches.

John eut envie de vomir.

— Tu ferais mieux de les tenir à l'œil, ces deux-là, si tu veux garder Laura, l'avertit son père. Cela dit, tu n'as jamais été brillant avec les filles, hein, fiston ? Pas comme moi !

John se mordit les lèvres. Surtout ne pas répondre.

Son père enfila son sweat-shirt et ouvrit la porte de derrière.

— Je peux toujours t'offrir un guide, tu sais... ajouta-t-il en gloussant. Pour t'expliquer comment il faut s'y prendre.

— Oh ! va mourir ! cria John.

Julie risqua un coup d'œil par la porte de la cuisine. Sa mère, installée devant la table du petit déjeuner, écrivait sur une grande feuille. Son père n'était pas là.

— Ça va, tu peux entrer, dit sa mère en souriant. Je ne vais pas te mordre.

— Tu as... Ils ont... ? commença Julie.

Après avoir veillé la moitié de la nuit pour rédiger sa dissertation, elle ne se sentait pas d'attaque pour affronter une mère en pleine crise de nerfs.

— Ils m'ont virée, oui, déclara Ginny. Ils veulent que je termine la semaine et, après, c'est fini.

Elle baissa les yeux et se concentra sur sa liste.

— T'en fais pas, Maman, la réconforta Julie en lui posant la main sur l'épaule. Tu as ton travail au journal et...

— Cacahouètes ! Deux colonnes et un article par semaine... C'est à peine assez pour payer les impôts locaux. Et ça ne durera pas éternellement.

Elle revissa le capuchon de son stylo et s'appuya contre le dossier de sa chaise.

— Non, reprit-elle d'un ton décidé, c'est un moment critique. J'en ai assez d'être la bonne vieille Ginny, qui s'adapte à toutes les situations. La bonne vieille Ginny qui rebondit toujours, quoi qu'il arrive. J'en ai marre des médias. Terminé, fini !

Julie cligna des yeux.

— Mais Maman, tu adores t'exhiber, tu le sais bien.

— Moi ?

Sa mère sembla sincèrement stupéfaite.

— Chérie, je préfère rester dans l'ombre.

— Tu serais prête à faire le saut de l'ange dans une

cuve de jus de tomate s'il y avait une caméra de télévision dans les parages !

Ginny eut la bonne grâce de paraître légèrement penaude.

— De toute façon, répliqua-t-elle, qui sait si je ne deviendrai pas encore plus célèbre, finalement ? J'ai des atouts dans ma manche.

— Il n'y a aucune chance qu'ils y restent, je suppose ?

— Aucune !

— Alors, qu'est-ce qu'elle en pense, Mamie, de la lamentable idée de Papa ? demanda Emma en beurrant un toast.

— Eh bien, en fait, répondit sa mère, nous ne lui avons encore rien dit parce que...

— Je m'en doutais ! cria Emma. Vous laissez une pauvre vieille dame dans l'ignorance...

— Oh, Emma, arrête un peu ! répliqua sa mère, amusée. On ne peut pas dire que ta grand-mère soit une « pauvre vieille dame » ! Figure-toi qu'ils prennent des cours d'aviation, Tom et elle...

Emma se renfrogna.

— Eh bien, ça ne te gêne peut-être pas de lui cacher la vérité, mais moi je vais lui écrire...

— Pas la peine. Elle vient passer quelques jours à la maison pendant le stage de voile de Tom. Elle arrive demain.

On sonna à la porte.

— J'y vais, lança Emma. J'espère seulement que Mamie ne s'effondrera pas en apprenant la nouvelle. Ça va être un tel choc pour elle ! Tu verras, tu vas le regretter !

Elle disparut dans l'entrée, furieuse. Claire se servit une autre tasse de thé. Certains matins, elle aurait bien pris quelque chose d'un peu plus fort.

— Charlie ! Ne fais pas ça !

Laura se pencha au-dessus de la table et ôta une mouillette de la narine gauche de son frère.

— Franchement, prendre un repas avec toi, c'est le meilleur moyen de se dégoûter à vie de la nourriture !

— Il expérimente ses cinq sens, expliqua Emily. D'après les psychologues...

— Maman ?

— Oui ?

— Tais-toi.

Quelqu'un sonna à la porte ; Charlie afficha un sourire édenté. Il fourra la mouillette dans son oreille droite.

— J'y vais ! lança Melvyn depuis l'étage.

— Même si Charlie est adorable, je dois admettre que je ne veux pas d'autre enfant, confia Emily en se servant une deuxième tasse de thé.

— Dieu merci, murmura Laura.

— Claire doit être folle, poursuivit sa mère. À son âge, en plus.

— Mme Farrant ? Alors c'est vrai qu'elle est de nouveau enceinte ? Emma va péter les plombs.

— Non, pas encore mais, apparemment, quand ils seront installés en Écosse, elle...

— En Écosse ? s'exclama Laura.

Emily parut surprise.

— Tu ne savais pas ? Andrew a un nouveau boulot à Oky-quelque-chose... Je suis étonnée qu'Emma ne t'ait rien dit.

— À mon avis, elle n'était pas au courant.

Melvyn apparut à la porte :

— Laura, il y a quelqu'un qui veut te voir. Entre... euh, Sam, c'est ça ?

— Simon, dit une voix.

Laura bondit sur ses pieds. Elle avala avec précipitation le morceau de tartine qu'elle avait dans la bouche.

— Salut, lança Simon, très à l'aise. Désolé de débarquer comme ça... J'ai pensé qu'on pourrait aller au lycée ensemble. J'ai quelque chose à te demander.

« Il va me proposer de sortir avec lui, pensa Laura. Oh, mon Dieu, je ne me suis pas lavé les dents ! Et ce collant est usé. Et je ne suis pas maquillée. Et Simon est tellement plus intéressant que les autres garçons du lycée ! »

Emily jeta un regard interrogateur à Laura.

— Je croyais que John passait te prendre ?

— NON, IL NE PASSE PAS ! siffla Laura.

Elle avait intérêt à se dépêcher si elle voulait quitter la maison avant qu'il débarque.

— Pourtant, d'habitude, il vient te chercher, renchérit Melvyn. Il est sympa, ce garçon.

— Eh bien, pas aujourd'hui, s'énerva Laura.

Ne pouvait-il pas se taire et partir au boulot ? Elle se concentra pour adresser un gracieux sourire à Simon.

— Je vais juste chercher mes affaires... Je reviens dans une seconde, annonça-t-elle.

— Prends ton temps, lui assura Simon. Je peux jouer avec ton frère. Tu es vraiment trop mignon, toi ! Comment s'appelle-t-il ?

Laura sortit, le laissant avec sa mère, qui avait littéralement fondu.

Emma ouvrit la porte d'entrée.

— Tu es là... Génial ! Tu te rappelles ce que tu dois dire ?

Elle fit signe à Sumitha de la suivre.

— Emma, tu m'as appelée trois fois hier soir pour me faire réciter mon texte, je ne risque pas d'avoir oublié, la taquina Sumitha. Mais je ne pense pas que ça marchera.

— Il le faut ! protesta Emma. Tout mon avenir en dépend !

Elle ouvrit la porte de la cuisine et donna un coup de coude à son amie.

— Bonjour, madame Farrant, comment allez-vous ? lança gaiement Sumitha.

— Sumitha, ma chérie ! Quelle agréable surprise ! Tu ne passes pas souvent voir Emma.

— Là, c'est un peu spécial, vous voyez, j'ai une immense faveur à vous demander.

Mme Farrant s'essuya les mains sur un torchon et attendit.

— Je passe l'audition pour la pub Zipzap... Mlle Ockley m'a inscrite à la place d'Emma... comme vous avez refusé qu'elle y participe.

Elle marqua une pause pour laisser à la mère d'Emma le temps d'éprouver des remords.

— Tu comprends... commença Mme Farrant.

— Le problème, c'est que... je n'ai encore jamais fait ça, et Emma est si douée, reprit vivement Sumitha.

(Une autre pause pour permettre à la fierté maternelle de s'épanouir.)

— Eh bien, elle est assez...

— Après en avoir discuté avec mes parents...

(Il est toujours bon, à ce stade, de faire référence à une figure considérée comme responsable.)

— ... J'ai pensé qu'Emma pourrait me soutenir, si elle venait avec moi la semaine prochaine. Jouer la comédie me fait un peu peur.

Mme Farrant secoua la tête.

— Ce serait trop dur pour toi, petite fleur, n'est-ce pas ? Étant donné que ton papa a dit non ?

Emma ignora les références aux « petites fleurs » et aux « papas » et afficha un sourire courageux.

— Si je ne peux pas le faire, autant que j'aide Sumitha à tenter sa chance. Ça ne prendra qu'une heure ou deux samedi.

Le front de Mme Farrant se plissa.

— Mais les examens commencent lundi, ma fleur, et...

— Je n'en ai pas avant mardi, répliqua Emma, qui n'avait aucune idée des dates de ses examens.

— Emma va *tellement* me manquer, ajouta Sumitha. (C'était le coup de grâce. Elle s'efforça de faire trembloter sa lèvre inférieure.) L'Écosse, c'est *tellement* loin...

Mme Farrant sourit avec compassion.

— Bon, je ne vois pas ce qu'il y aurait de mal. Puisque c'est pour Sumitha. Maintenant, il faut que je monte m'occuper des garçons. Il est presque huit heures.

L'air affairé, elle s'élança dans l'escalier ; Sumitha adressa un clin d'œil à Emma.

— On a réussi ! murmurèrent-elles en chœur, en se tapant dans les mains.

Laura et Simon étaient presque arrivés devant la grille du lycée et il ne lui avait toujours rien demandé. Ils avaient beaucoup parlé ; Laura avait découvert qu'il faisait de la biologie en plus de la cuisine, qu'il vivait avec son père et sa grand-mère et qu'il avait une sœur plus âgée qui, visiblement, ne l'aimait pas beaucoup. Et il lui avait confié qu'il la trouvait très jolie. Pourtant, il ne lui avait pas proposé de sortir avec lui.

— Alors, qu'est-ce que tu voulais me demander ? risqua-t-elle, désespérée, quand ils traversèrent la rue principale.

Simon rougit.

— Eh bien... euh... toi et John, vous êtes vraiment ensemble ?

Laura secoua vigoureusement la tête.

— On l'a été, admit-elle. Mais je vais lui parler ; ça ne marche pas entre nous, c'est tout.

— Alors, si tu sortais avec quelqu'un d'autre, ça ne gâcherait rien entre vous ?

Le cœur de Laura s'affola.

— Non, dit-elle. Sauf que je ne sors avec personne d'autre.

Simon prit une profonde inspiration.

— Je me demandais si ça t'ennuierait... euh, veux-tu venir chez moi ? Ce soir ? Pour dîner ? Comme ça, mon père et ma grand-mère pourront voir... te rencontrer.

Laura cligna des yeux. C'était du sérieux ! La plupart des garçons repoussaient le plus longtemps possible la rencontre avec leur famille ! Simon devait vraiment être fou d'elle !

— On pourrait aller se balader, ou écouter de la musique, ou ce que tu voudras, insista-t-il, d'un ton curieusement désespéré. S'il te plaît, dis oui.

« Je ne risque pas de refuser ! » songea Laura.

— Eh bien...

Elle marqua une pause, feignant de réfléchir intensément à la question.

— ... D'accord. Ça serait cool.

— Oh ! génial ! Merci.

Simon soupira, comme si on venait de lui ôter des épaules un immense fardeau.

Pendant un instant, Laura crut qu'il allait l'embrasser.

Mais le baiser ne vint pas.

14

JOHN DANS LA TOURMENTE

John avait envie de boxer le mur. Il les avait encore vus ensemble. Laura et Simon. Devant la grille du lycée. Elle battait des cils et adessait à cet imbécile des sourires charmeurs. Pendant que John subissait un interminable discours de M. Cobbett à propos de ses dissertations d'arts plastiques. Super. Quand le professeur se tut enfin, à bout de souffle, la cloche avait sonné ; les deux tourtereaux avaient disparu. Toute la matinée, John se demanda ce que Simon avait bien pu raconter à Laura pour qu'elle manifeste son trouble de manière aussi indécente.

— Tu as l'air heureux, c'est fou ! ironisa son copain Rob, à midi, quand ils gagnèrent la cafétéria pour se réchauffer un plat de spaghettis bolognaise. Qu'est-ce que tu as ?

— M'en parle pas, marmonna John.

— OK, dit gaiement Rob.

— Je crois que Laura sort avec quelqu'un d'autre, lâcha John. Ça fait trois fois que je la vois avec Simon Stagg et...

— Simon ! Je ne pense pas qu'il représente une grande menace.

John haussa les épaules.

— Elle a l'air suspendue à ses lèvres, soupira-t-il.

— Je ne m'inquiéterais pas, à ta place. Quelqu'un m'a dit que...

— John Joseph ! John Joseph !

John se tourna et vit Mlle Haddock, la secrétaire du proviseur, qui arrivait vers lui à toute vitesse.

— Vous voilà ! s'exclama-t-elle en reprenant son souffle. Le proviseur vous attend dans son bureau. Immédiatement.

John fronça les sourcils.

— Pour quoi faire ?

— Je n'ai pas à révéler des informations qui concernent la direction, répliqua Mlle Haddock, la mine pincée. Mais votre mère est là.

John soupira. Elle avait encore égaré ses clés, sans doute. Franchement ! Il se demandait parfois s'il était sage de la laisser sortir seule.

— Je crois que vous devriez vous dépêcher, insista Mlle Haddock.

— Entrez !

John poussa la porte. Sa mère était assise dans le grand fauteuil en cuir face au bureau du proviseur. Elle était blême et tordait un mouchoir entre ses mains.

— Ah, John, dit M. Todd. Asseyez-vous, mon garçon.

John comprit qu'il ne s'agissait pas d'une clé perdue.

— Qu'est-ce qui se passe, maman ?

— C'est... c'est ton père.

— Papa ?

— Il a été transporté d'urgence à l'hôpital. Une crise cardiaque.

— Non !

Anona hocha la tête et ferma les yeux pour refouler ses larmes.

— Nous devons aller à l'hôpital, reprit-elle. Tout de suite.

Elle ajouta, la gorge serrée :

— John, les médecins disent qu'il... peut mourir.

— Ils veulent nous tuer, ou quoi ? pesta Emma à la fin de l'après-midi, en fourrant son planning de révisions dans son sac.

— Le calendrier des examens est surréaliste, renchérit Sumitha. Comment peuvent-ils mettre dessin et géographie le même jour ? Ce sont mes plus mauvaises matières.

— Sumitha, répliqua patiemment Laura, tu es bonne dans *toutes* les matières. Moi, ce soir, je pense que ce sera ma dernière sortie avant la fin des examens.

Elle regretta aussitôt ses paroles.

— Tu vas où ? demanda Julie en jetant son sac sur son épaule.

— Nulle part.

— Laura ! crièrent les trois filles en chœur.

— Simon m'a invitée à dîner cher lui, confia-t-elle d'un ton aussi neutre que possible.

— Simon ? Simon Stagg ? demanda Julie, incrédule.

Laura hocha la tête.

— Et John ? questionna Sumitha.

Laura haussa les épaules.

— Je ne lui appartiens pas, répliqua-t-elle, sur la défensive. On n'est pas siamois, tu sais.

— John est au courant ? interrogea Emma.

— Non.

— Tu ne penses pas que tu devrais lui parler ? insista Julie. S'il l'apprenait par quelqu'un d'autre...

— Par qui veux-tu qu'il l'apprenne ? s'énerva Laura. À moins que tu n'aies l'intention de cafter...

Julie fit mine de se rendre.

— Du calme ! Je ne dirai rien. Mais je te trouve malhonnête.

— Va te faire voir ! grogna Laura.

Quand Laura passa devant l'entrée du bâtiment d'arts plastiques, Rob se précipita vers elle.

— Hé, Laura, tu sais où est John ?

Laura secoua la tête. Elle en avait marre qu'on lui parle de John. Ça lui donnait des remords.

— Aucune idée.

Rob soupira.

— Il a été convoqué chez le proviseur, à midi, et je ne l'ai pas revu depuis. J'ai l'impression qu'il y a un problème. Il n'est pas revenu en cours.

Laura savait bien que John n'était pas du genre à sécher.

— J'ai essayé d'appeler chez lui, mais personne n'a répondu, poursuivit Rob. Tu le vois, ce soir ?

— Non, répliqua sèchement Laura. J'ai du boulot, ajouta-t-elle.

— Bon, je réessaierai plus tard... Si tu as de ses nouvelles, dis-lui de m'appeler. OK ?

— OK, répondit Laura.

Puis elle se demanda ce qui conviendrait le mieux pour son dîner avec Simon : la minijupe en daim ou le pantalon en velours moulant ?

15

LAURA SE DÉFILE

John avait l'impression d'être dans un cauchemar. Son père était méconnaissable, le visage gris et les lèvres incolores. Quand John le vit sortir de la salle des urgences sur un brancard, accompagné par sa mère qui agrippait sa main inerte, il souhaita désespérément n'avoir que cinq ans et pouvoir taper des pieds, pleurer et crier qu'il ne voulait pas que son père meure et que, s'il guérissait, il promettait de ne plus jamais se disputer avec lui.

Mais il n'avait pas cinq ans, il en avait seize. Alors il se contenta de serrer les poings en attendant que sa mère revienne.

— Il s'est effondré dans la rue en faisant son jogging ce matin, lui avait appris Anona dans le taxi.

« C'est ma faute, avait pensé John. J'aurais dû l'empêcher de courir juste après le petit déjeuner. Pourquoi n'ai-je pas insisté ? »

— Tout ça, c'est ma faute, avait déclaré sa mère au même moment, la voix entrecoupée de sanglots. Il m'a confié qu'il était malheureux, qu'il était stressé, et je l'ai ignoré. Je lui ai dit des choses horribles. S'il... s'il meurt, je ne me le pardonnerai jamais.

« S'il meurt ? Mais non, il ne va pas mourir, songea John. Les hôpitaux s'occupent tous les jours de crises cardiaques, de pontages et tout ça. Ils sauront quoi faire... enfin, je l'espère. Je l'espère de tout mon cœur. »

Il aurait aimé partager avec quelqu'un ce sentiment de vide affreux, lancinant. Quelqu'un qui ne serait pas gêné de le voir fondre en larmes, hurler ou avouer qu'il avait peur. Il se sentait terriblement seul.

Il voulait Laura. De toutes ses forces. Dès qu'il rentrerait à la maison, il lui téléphonerait. Elle viendrait... sûrement.

Sumitha glissa la cassette dans sa minichaîne et appuya sur la touche « lecture ». Elle profita de l'absence de ses parents – ils assistaient à la réunion des parents d'élèves de Sandeep – pour monter le volume à fond.

Push To The Limits avait un rythme génial et les paroles étaient extra. Il y avait un super interlude de rap, qui risquait d'être difficile à chorégraphier, par contre le solo de guitare, au milieu, était parfait pour danser.

Qu'est-ce qu'elle s'imaginait ? Elle ne pouvait *absolument pas* participer à ce concours – pas en pleine semaine d'examens ! Elle tenait à obtenir d'excellents résultats pour que ses parents soient fiers d'elle, même si elle en voulait encore à son père de lui avoir interdit de sortir en boîte. Sumitha savait que ses copines bengalaises et ses cousines étaient toutes plus ou moins traitées de la même manière – mais ses amies les plus proches étaient occidentales, et c'était assez pénible, par moments, de voir la liberté dont elles profitaient. D'un autre côté, quand elle considérait les disputes, les divorces et autres bouleversements qui survenaient parfois dans leurs familles, elle se disait que les choses n'allaient peut-être pas si mal pour elle. Au fond, elle ne pouvait pas rejeter en bloc, aussi facilement, sa propre culture.

La chanson se terminait. Elle éjecta la cassette, la glissa dans une enveloppe, griffonna un mot d'explication pour Seb et ferma l'enveloppe. Le rabat se décolla aussitôt. Sumitha fit une autre tentative, en vain.

— Il me faut du Scotch, dit-elle.

Elle courut au rez-de-chaussée et entra dans le bureau de son père. Elle parcourut la table du regard. Rien. Elle ouvrit le tiroir du haut.

Posée sur une pile de papiers se trouvait une lettre inachevée :

Mon cher Sajjed,

Ç'a été un grand plaisir de vous parler au téléphone, la semaine dernière, et d'apprendre qu'Asim réussit si bien à l'université ! Je suis ravi que vous approuviez mes premières démarches concernant l'union d'Asim et Sumitha, et je trouve votre suggestion excellente : organisons une rencontre ! Ces deux jeunes gens doivent faire connaissance avant que nous puissions conclure quoi que ce soit. Mon épouse et moi-même souhaitons...

Sumitha se figea. Elle remarqua que ses doigts tremblaient. Sa bouche était sèche et son cœur battait à grands coups. Comment osait-il ? COMMENT OSAIT-IL ? Évoquer, et même envisager son futur mariage derrière son dos ! Imaginer qu'elle accepterait une idée aussi démodée, stupide et ridicule !

Des larmes lui montèrent aux yeux. Elle ne se laisserait pas faire. Comment osaient-ils ? Elle claqua le tiroir et retourna à l'étage en courant.

Pourquoi serait-elle honnête avec son père, alors qu'il avait agi derrière son dos pendant tout ce temps ? Pourquoi devrait-elle prendre en compte ses sentiments à lui, quand il ne pensait jamais à ceux de sa fille ?

Elle prit une feuille de papier.

Cher Seb,

La cassette est géniale. Je vais mettre au point une chorégraphie cette semaine et je viendrai répéter chez Ted. Merci de m'avoir proposé de danser avec vous !

À plus,

Sumitha

Elle espéra qu'il ne se rendrait pas compte que l'encre, sur sa signature, avait bavé à cause d'une larme.

Laura était assez mal à l'aise. Elle était pressée que le repas se termine pour pouvoir se retrouver seule avec Simon. Dès l'instant où elle était arrivée chez lui, elle avait senti qu'elle passait une sorte d'examen : son père répétait sans cesse que c'était formidable de rencontrer la *nana* de Simon – ce terme donnait à Laura l'envie de lui envoyer une gifle en pleine figure – et sa grand-mère avait crié au miracle parce que le petit Simon avait enfin invité une fille à la maison. Pendant tout ce temps, Simon, les yeux rivés sur son assiette, avait à peine prononcé un mot.

— Alors, tu es dans le cours de cuisine de Simon, c'est ça ? demanda sa sœur Maddie, qui avait dix-neuf ans.

Elle avait prononcé le mot *cuisine* d'un ton méprisant ; Simon lui jeta un regard noir.

Laura secoua la tête.

— Non, je suis une classe au-dessous de lui. Je passe le brevet, cette année.

— Laura écrit, elle a beaucoup de talent, précisa Simon.

Laura lui adressa un regard reconnaissant.

— Oh non, encore une dingue de poésie ! s'exclama Maddie. Tu sais que Simon va jusqu'à lire des poèmes à haute voix dans son lit ! Ça fait pitié, non ?

Laura se hérissa.

— J'adore la poésie. Et comment peut-on vraiment l'apprécier sans la lire à haute voix ?

Maddie recula sa chaise.

— Vous êtes faits l'un pour l'autre ! lança-t-elle, sarcastique. Deux cinglés...

— Madeleine ! explosa sa grand-mère. Présente tes excuses immédiatement !

Maddie haussa les épaules.

— Je plaisantais, fit-elle d'un ton hargneux, et elle quitta la pièce en claquant la porte.

Le père de Simon se coupa une part de fromage et sourit à Laura.

— Je vous félicite d'avoir fait sortir notre Simon de son trou !

— Papa ! siffla Simon.

— Il a pris son temps, mon fils ! continua l'odieux M. Stagg. Mais il a bon goût, je dois lui accorder ça.

Simon repoussa son assiette et se leva.

— Viens, Laura, allons faire un tour.

— Hé là ! s'écria M. Stagg.

— Merci pour le dîner, dit Laura.

Elle s'était adressée à la grand-mère de Simon, ignorant ostensiblement son père.

— Revenez quand vous voudrez, proposa la grand-mère.

« Je ne pense pas en avoir très envie », songea Laura.

On leur avait expliqué qu'il était inutile de rester : l'opération devait durer plusieurs heures ; on leur téléphonerait dès qu'il y aurait du nouveau.

De retour à la maison, John prépara du thé pour sa mère. Il s'efforça de paraître optimiste et gai. Elle se mit à pleurer ; John lui tapota le bras en regrettant de ne pouvoir pleurer aussi.

— Je vais passer voir Claire Farrant, hoqueta

Anona entre deux sanglots. Andrew est médecin... Il saura si le chirurgien qui s'occupe de ton père est vraiment bon.

John hocha la tête, désespéré.

— Ça va aller ? demanda sa mère.

— Bien sûr, dit-il bravement. Je vais sans doute appeler un ou deux copains.

Quand elle fut partie, il prit le téléphone et composa le numéro de Laura. La sonnerie résonna pendant une éternité avant qu'une voix d'homme réponde enfin.

— Allô ?

— Je peux parler à Laura, s'il vous plaît ? C'est John.

— John ! Ça me fait plaisir de t'entendre... Désolé, elle n'est pas là pour le moment.

Le cœur de John se serra.

— C'est vraiment important, insista-t-il.

— Eh bien, elle est chez Simon Stagg... Je crois qu'Emily a le numéro. Attends une se...

— NON !

John eut l'impression que la boule qu'il avait dans la gorge allait l'étouffer.

— Non, c'est pas grave... Je lui parlerai demain. Au revoir !

Il raccrocha d'un coup sec et regarda fixement par la fenêtre.

Simon et Laura. Laura chez Simon.

Il avait besoin d'elle. Maintenant. Avec lui.

Les buissons du jardin devinrent flous. Comme il n'y avait personne dans les parages, John ne prit pas la peine de retenir ses larmes.

Laura frissonna.

— Tu as froid ? demanda Simon, inquiet.

— Un peu.

En fait, sa veste fourrée lui tenait bien chaud, mais

elle avait pensé qu'un petit frisson serait le meilleur moyen d'obtenir que Simon lui passe un bras autour des épaules. Peine perdue !

— C'était bête de te proposer une promenade en plein hiver. Je voulais juste fuir ma famille.

Laura hocha la tête.

— Mon père est un abruti ! poursuivit-il rageusement. J'aimerais qu'il m'accepte comme je suis.

— Quoi, parce que tu aimes la poésie et la cuisine, tout ça ?

Simon soupira.

— Ouais, dit-il. Tout ça.

Ginny Gee entra dans la chambre de sa fille en imitant la démarche d'un top model.

— Julie chérie, qu'est-ce que tu en penses ?

Ce qu'elle portait ressemblait à une nappe de couleur criarde avec des manches.

— Maman, qu'est-ce que c'est que ça ?

— C'est un *cheongsam*, chérie... Très oriental. Je vais passer un entretien.

— Avec ça ? s'étrangla Julie. Qu'est-ce que tu proposes de faire ? Serveuse dans un restaurant chinois ?

Sa mère claqua la langue.

— Non, idiote ! J'envisage de devenir mannequin.

Julie toussa.

— Mannequin d'âge mur, ajouta sa mère. Pour Largesse... Ils créent des vêtements pour les rondes élégantes.

Julie ferma les yeux.

— Maman, commença-t-elle en s'efforçant de garder son sang-froid, te serait-il possible de trouver un boulot pour lequel tu n'aurais pas à t'exhiber en public ?

— Comme quoi, dis-moi ?

— Un truc où il faudrait que tu restes allongée dans une pièce sombre ?

— Sois donc un peu raisonnable, soupira Ginny.

— John a téléphoné, annonça Melvyn quand Laura rentra à la maison.

« Zut », pensa Laura.

— Qu'est-ce que tu lui as dit ?

— Que tu étais chez Simon.

« Zut et rezut. »

— Il avait l'air un peu bizarre, reprit Melvyn. Tu devrais peut-être l'appeler.

« Peut-être, oui, songea-t-elle. Mais il va me demander des explications, ce sera lourd. »

— Il est tard, répondit-elle.

— Ça ne t'a jamais posé de problème, jusqu'à maintenant.

Laura soupira.

— J'ai besoin de réviser, affirma-t-elle (ce qui était faux, bien sûr). Je le verrai demain... il n'y a sûrement pas le feu.

— Julie ? C'est moi, Bex.

— Salut... comment tu vas ? Tu me sauves des causes de la guerre du Vietnam !

Elle s'attendait à entendre le rire de Bex, pourtant celle-ci enchaîna :

— Tu peux me rendre un service ? C'est... Ricky.

— Il y a un problème ?

Un silence.

— Je ne sais pas, lâcha enfin Bex. Il m'a téléphoné deux fois ces trois derniers jours et je sentais qu'il voulait me parler de quelque chose. Mais il n'y arrive pas.

Julie jugea inutile de tourner autour du pot.

— Et tu penses qu'il a des ennuis ?

— Non... oui... oh, je ne sais pas, dit Bex avec humeur. Désolée. C'est juste que je me fais du souci pour lui. Ma mère est nulle et, lui, il se laisse facilement mener par le bout du nez. Je ne veux pas qu'il fasse les mêmes bêtises que moi. S'il te plaît, Julie.

— OK. Je vais essayer d'en apprendre un peu plus.

— Merci, murmura Bex. T'es une vraie copine.

16

RUMEURS ET RÉVÉLATIONS

Le vendredi matin, alors qu'elles entraient dans leur classe, Emma prit Laura par le bras.

— C'est affreux, n'est-ce pas, pour le père de John ?

— Tout est affreux en ce qui concerne le père de John, soupira Laura. Je ne peux pas le supporter.

— Charmant ! s'écria Emma. Je pensais que, vu les circonstances, tu serais un peu plus sympa...

— De quoi tu parles ?

— Le père de John a eu une crise cardiaque, hier. Il a subi une opération très grave. Il est en soins intensifs.

Laura resta bouche bée ; son estomac se tordit.

— Je ne savais pas, bafouilla-t-elle.

Puis elle se rappela la remarque de Melvyn à propos du coup de téléphone.

— Où est John ?

Emma haussa les épaules.

— Je suppose qu'il est retourné à l'hôpital avec sa mère. Je pensais qu'il t'aurait appelée.

« Il l'a fait, songea Laura. Et je n'étais pas là. »

À l'heure du déjeuner, Sumitha annonça à Emma :

— Je participe.

— Tu participes à quoi ?

Emma examinait, les sourcils froncés, un graphique inutilement complexe selon elle de la population de l'Amérique du Sud.

— Au Concours des Groupes, expliqua Sumitha.

Emma laissa tomber son livre, étonnée.

— Qu'est-ce qui t'a fait changer d'avis ?

— C'est trop compliqué... je te raconterai plus tard, dit Sumitha, qui avait retenu ses larmes presque toute la matinée. Alors, je peux venir chez toi pour m'entraîner ?

— Oui, bien sûr. Tu n'as qu'à passer samedi, après mon audition... Cette semaine infernale sera enfin terminée !

Le chirurgien adressa un regard compatissant à la mère de John.

— Il est très mal, madame Joseph. Les prochains jours seront cruciaux.

Anona hocha lentement la tête.

— Et je dois vous dire... ajouta doucement le docteur, si tout va bien et qu'il s'en sorte, il devra changer beaucoup de choses dans sa vie.

— Quoi, par exemple ? demanda John.

— Eh bien, il devra se ménager, principalement. Éviter le stress, manger raisonnablement, s'accorder plus de loisirs... mais nous pourrons en reparler dans quelques jours.

— Si seulement nous en avions parlé avant ! murmura Anona.

John baissa la tête.

— Sa crise cardiaque... dit-il au docteur. C'est ma faute...

Sa voix se brisa.

Le chirurgien sourit avec compréhension :

— Je ne vois pas comment cela pourrait être ta faute...

— Écoutez-moi ! coupa John avec tant de vivacité que sa mère leva la tête, étonnée. Je savais qu'il allait faire son jogging juste après le petit déjeuner. J'aurais dû l'en empêcher. Et je lui ai crié dessus, je lui ai dit qu'il était dingue de vouloir s'enterrer à la campagne et...

Le médecin posa la main sur le bras de John.

— Attends une seconde. Ce qui a provoqué la maladie de ton père n'a rien à voir avec toi. L'opération a montré qu'il avait des artères bouchées ; c'est une valvule qui en était responsable... Heureusement que nous l'avons opéré à temps.

— Alors, vous pensez qu'il vivra ?

Le médecin soupira.

— Il est trop tôt pour en être sûr. Mais je pense que oui.

Cette fois, sans comprendre pourquoi, John fondit en larmes.

« La sociologie, c'est encore plus intéressant que je ne le pensais, estima Julie en mordillant le bout de son stylo bille. C'est vraiment passionnant. » Elle regarda par la fenêtre : c'était la récréation des cinquièmes et des quatrièmes. « Dire que chacun de ces gamins est formé par son environnement ! Dire que je suis le produit, non seulement de mes gènes, mais aussi du comportement de mes parents ! songea-t-elle. Ce qui, quand j'y réfléchis, est plutôt inquiétant, comme concept. »

Elle allait se concentrer sur ce que racontait Mlle McConnell quand elle entendit une bagarre éclater dans la cour. Les cris « Nabot ! » et « Minable ! » montèrent jusqu'à la fenêtre.

Elle jeta un coup d'œil pour voir ce qui se passait.

Et sursauta. Le gosse qui se faisait pousser et bousculer, c'était Ricky. Et il ne se défendait même pas.

Bex avait raison. Il y avait un problème.

Dès que la cloche sonna pour la récréation de l'après-midi, Laura se précipita vers Rob et Emma.

— John est au lycée ?

Rob secoua la tête.

— Il est à l'hôpital. Je suppose qu'il reviendra en cours la semaine prochaine. Il tient le coup ?

Laura se sentit découragée.

— Je ne sais pas ! Je ne lui ai pas parlé. Je vais l'appeler ce soir.

— Alors tu n'es pas avec Simon, ce soir ? demanda Emma, sarcastique. Tu es sûre que tu pourras trouver un petit moment pour John ?

— Oh, la ferme ! hurla Laura.

Elle les bouscula et entra dans le bâtiment de sciences.

— Il n'y a rien entre Simon et Laura ? s'assura Rob. Je pense que tu devrais l'avertir. Tu es son amie.

Emma parut surprise.

— De quoi ? Il a déjà une copine ?

Rob ricana.

— Oh, non ! Et il ne risque pas d'en avoir une.

— Alors quel est le problème ?

— D'après ce que j'ai entendu dire, Simon ne s'intéresse pas du tout aux filles. Il paraît qu'il est homo.

Emma et Julie rentrèrent ensemble.

— Alors, qu'est-ce que je fais ? Je lui en parle ? demanda Emma.

Elle regardait son amie d'un air suppliant.

Julie fronça les sourcils :

— S'il était homo, il ne lui aurait pas proposé de sortir avec lui.

— C'est ce que j'ai pensé. Alors, je me tais ?

— D'un autre côté, poursuivit Julie, si tu lui dis, ça la ramènera peut-être vers John. Et il a besoin d'elle en ce moment.

— Oui, tu as raison. Je pourrais tâter le terrain... lui demander comment ça fait de l'embrasser, tout ça.

— Bonne idée. Mais sois subtile.

— Évidemment. Je suis toujours subtile, de toute façon, répliqua Emma.

— Voilà, Maman. Tu sais tout.

Claire Farrant soupira et attendit la réaction de sa mère ; assise à la table de la cuisine, en train d'éplucher des haricots, la grand-mère d'Emma était parfaitement calme.

— Bon, répondit elle. C'est un grand changement... Comment les enfants l'ont-ils pris ?

— Oh, les garçons, ça va, par contre Emma... elle a réagi en adolescente.

— Comment ça, chérie ?

— Elle refuse de venir, elle prétend qu'on lui gâche la vie, qu'on ne pense pas à son avenir... ce genre d'absurdités, expliqua Claire.

Sa mère leva la tête.

— Je ne trouve pas ça absurde, dit-elle calmement. Emma n'a pas tort.

Claire écarquilla les yeux, stupéfaite.

— Mais la maison est adorable, bien plus grande que celle-ci, et c'est un coin très chic...

— Claire, par pitié ! la coupa sa mère. Tu penses franchement qu'à quinze ans Emma se soucie de ce genre de choses ? Ce qu'elle veut, c'est être avec ses amis, continuer à faire ce qui l'intéresse... pas se retrouver coincée dans un trou humide en pleine campagne avec un tas de petits frères et une vie sociale inexistante ! Qu'est-ce qui lui prend, à Andrew ?

Claire redressa les épaules.

— Il lui prend que c'est une promotion importante. Il gagnera beaucoup plus d'argent, et nous devons penser aux études des garçons.

Sa mère hocha la tête.

— Très juste. Mais vous devez aussi penser à Emma. Et ses cours de théâtre ?

Claire soupira.

— Andrew veut qu'elle passe le bac. Il en a un peu marre de cette histoire.

La grand-mère d'Emma haussa un sourcil.

— Quel dictateur ! Je le croyais plus raisonnable.

Elle se leva et ajusta son cardigan sur ses hanches rebondies :

— Eh bien, nous devons agir.

— Il n'y a rien à faire, dit Claire.

— Ah non ? Je crois au contraire qu'il y a tout un tas de choses à faire. Et j'ai l'intention de m'en occuper.

— Bex ? C'est Julie. Écoute, à propos de Ricky. Il s'est fait agresser... Oui, aujourd'hui. Dans la cour.

Elle marqua une pause : que pouvait-elle dire à son amie sans l'affoler ?

— Je n'ai rien pu faire à ce moment-là, j'étais en cours de socio, mais je vais le tenir à l'œil... Bien sûr que je te le promets... Non, il n'y a aucune raison pour que tu te sentes coupable. Tu as ton boulot... Oui, appelle-moi quand tu veux. Prends soin de toi. Salut !

— Sumitha ! Comment peux-tu travailler dans ce vacarme ?

Chitrita Banerji, qui venait de rentrer à la maison

après une discussion plutôt animée avec son banquier, n'était pas d'humeur à écouter du rock.

— J'y arrive très bien, répliqua Sumitha.

Elle remercia sa bonne étoile pour avoir pensé à ouvrir son livre de géographie avant de répéter sa chorégraphie.

— Baisse le son... Ton père va rentrer d'une minute à l'autre. Tu sais qu'il déteste ce genre de musique.

— Et bien sûr, on doit tous se soumettre et obéir à Papa, hein ? cria Sumitha. Il s'imagine qu'il peut contrôler ma vie, la tienne, celle de tout le monde. Il se trompe !

— Sumitha ! Enfin, de quoi parles-tu ?

— Il veut me marier, non ? Il croit aux mariages arrangés et il essaie de me fourguer à un type que je ne connais même pas.

— Pas du tout, il a juste...

— Ne me mens pas ! hurla Sumitha. J'ai vu la lettre. Dans son bureau.

Les yeux de Chitrita s'écarquillèrent.

— Tu es entrée dans le bureau de ton père ? s'étrangla-t-elle, aussi horrifiée que si Sumitha avait été surprise en train de voler des robes haute couture.

— Je cherchais du Scotch. Et je l'ai vue. Une lettre à un type que je connais même pas, à propos de moi et de son fils... C'est monstrueux !

— Sumitha, tu as compris de travers. C'était juste pour se renseigner.

— Alors, TU ÉTAIS BIEN AU COURANT ! explosa Sumitha. Et tu l'as laissé faire ! Eh bien, je vais te dire une chose : jamais, jamais je n'épouserai quelqu'un contre mon gré. Alors il ferait mieux de déchirer cette stupide lettre et d'économiser un timbre !

La porte d'entrée claqua.

— Voilà ton père, chuchota Chitrita, affolée. S'il te

plaît, Sumitha, ne dis rien. Je vais lui parler. Je te le promets.

Sumitha la foudroya du regard.

— Ne t'imagine pas qu'il peut faire ça dans mon dos ! J'en ai assez de ses maudites traditions !

Le téléphone sonna, encore et encore. Pas de réponse. Laura savait que la mère de John avait un portable, mais elle ne connaissait pas le numéro. De toute façon, elle ne pouvait guère appeler à l'hôpital. Elle ne saurait pas quoi dire. Et si M. Joseph était mort ? Elle n'avait encore jamais perdu quelqu'un de proche. Qu'est-ce qu'on disait dans ces cas-là ?

Il n'allait pas mourir. Bien sûr que non.

Elle appellerait demain. Après tout, elle ne pouvait rien faire. Et, d'ailleurs, elle devait se remettre au travail, parce que Simon lui avait proposé de sortir demain soir. Elle aurait dû parler à John... mais bon, pour le moment, son père était malade, et ce qu'il ignorait ne pouvait pas lui faire de mal. Elle attendrait. C'était le mieux à faire.

Elle venait de raccrocher quand le téléphone sonna.

— Salut Laura, c'est moi... Emma. Je me demandais juste comment ça marche, toi et Simon.

Laura fronça les sourcils. Elle ne voyait vraiment pas pourquoi, brusquement, Emma s'intéressait tant à sa vie sentimentale.

— Ça va.

— Alors vous... vous vous êtes embrassés et tout ?

— Emma ! protesta Laura.

— Désolée... Mais, euh, vous l'avez fait ?

— Non, admit Laura. J'essaie de jouer les filles difficiles à séduire.

Elle n'allait pas avouer que Simon ne lui avait même pas effleuré la joue du bout des lèvres !

— Alors, il te drague sérieusement ? insista Emma.

— Oh oui. Il faut juste que je sois sûre de ses sentiments à mon égard avant d'aller plus loin, tu ne penses pas ?

— Mmmm, fit Emma. Bon, ben... Salut.

Laura raccrocha, intriguée.

17

EMMA SE RÉVOLTE

Mlle Ockley, souriante, s'adressa aux élèves rassemblées pour l'audition.

— Bon, vous connaissez toutes les publicités Zipzap, je suppose. Voici mon frère, Oscar. C'est lui qui les a conçues.

Elle jeta un regard affectueux à l'homme grassouillet qui était debout à côté d'elle.

— On dirait un extraterrestre, souffla Emma à Sumitha.

— Bonjour, dit-il. Vous savez que toutes les publicités Zipzap montrent une transformation magique : un gamin ordinaire qui devient une star après avoir mangé une barre Zipzap.

Toutes hochèrent la tête.

— Eh bien, cette fois, c'est pour Zipzap Light... la barre de chocolat hypocalorique !

Il brandit une poignée de friandises emballées dans un papier d'un rose criard.

— On a une gamine hyper-ordinaire : les dents en avant, les ongles rongés, des boutons, les cheveux plats, un peu ronde... qui mange un Zipzap en feuilletant un magazine pour ados.

Emma fronça les sourcils. Ça ne lui paraissait pas tellement *glamour*.

— ... Et pan ! Elle se transforme en une créature sublime, mince, avec une peau parfaite, des cheveux magnifiques et un sourire radieux, qui marche sur un podium dans une tenue branchée, pendant que les flashes crépitent autour d'elle !

Un murmure parcourut la demi-douzaine de filles qui étaient venues passer l'audition. Emma fronçait toujours les sourcils.

— ... Alors, qui passe en premier ?

Il désigna Sumitha.

— Toi ?

— Oh non, je suis juste là pour accompagner mon amie Emma.

— OK, Emma, commençons par toi. Voilà ce que je veux que tu fasses...

— Andrew, je vous ai fait du café. Il faut qu'on parle.

M. Farrant, qui étudiait une pile de papiers, s'interrompit.

— Je suis assez occupé...

Il vit l'expression déterminée de sa belle-mère et soupira, résigné.

— Ça ne prendra pas longtemps, insista la grand-mère d'Emma. C'est à propos de ce déménagement...

— Ne vous inquiétez pas pour ça, interrompit M. Farrant. Vous pourrez nous rendre visite quand vous voudrez, nous vous téléphonerons souvent et...

— Épargnez-moi ce ton supérieur, Andrew ! Je ne m'inquiète absolument pas pour moi. J'ai Tom. C'est pour Emma que je me fais du souci.

Andrew soupira.

— Ah, elle vous a joué la grande scène du III, hein ? C'est juste une crise d'adolescence... N'y prêtez pas attention.

— Ça me rend folle d'entendre ça ! Emma n'est pas n'importe quelle adolescente. Emma, c'est Emma.

Une personne. Avec des espoirs, des peurs, des pensées et des sentiments. Et vous les piétinez totalement !

Andrew écarquilla les yeux.

— Pardon ?

Sa belle-mère s'assit sur une chaise et étendit ses jambes.

— Écoutez, Andrew. Je sais que cette mutation est un grand pas en avant pour vous et je m'en réjouis. Vous avez travaillé dur, vous le méritez. Mais essayez de voir ça avec les yeux d'Emma. Elle a quinze ans, une carrière d'actrice devant elle, et vous...

— Et moi je veux qu'elle se sorte cette absurdité de la tête et qu'elle passe son bac ! dit-il. C'est un monde difficile qui l'attend et il y a bien plus d'acteurs ratés que de stars.

— Très juste. Pourtant vous ne pouvez pas lui dicter ce qu'elle doit faire de sa vie. Vous n'avez jamais entendu parler de ce qu'on appelle un *compromis* ?

Andrew soupira.

— Et comment suis-je censé m'y prendre ? Faire la navette entre Auchinchulish et Leehampton tous les week-ends ?

— Ne soyez pas bête, mon cher, répliqua calmement sa belle-mère. Ce qu'il faut faire, c'est vous arranger pour qu'Emma vous supplie de l'emmener en Écosse avec vous.

— Je ne vous suis pas, soupira Andrew.

— J'ai un plan qui résoudrait tout et qui satisferait tout le monde.

— J'ai de sérieux doutes là-dessus.

— Voulez-vous bien m'écouter jusqu'au bout ? reprit-elle d'un ton sévère.

— Est-ce que j'ai le choix ?

— Non. Vous n'avez pas le choix.

Les auditions étaient terminées. Dans le vestibule, les filles attendaient les résultats.

— Je ne comprends pas, dit Sumitha. Comment vont-ils faire pour trouver une fille grosse, moche et boutonneuse qui puisse paraître mince et classe, tout d'un coup ?

— Avec le maquillage, expliqua Emma, sûre d'elle. Et des rembourrages, j'imagine.

Sumitha fronça les sourcils.

— Tu as sans doute raison.

La porte s'ouvrit ; Mlle Ockley leur fit signe d'entrer dans la salle.

— Oscar a fait son choix, annonça-t-elle. Vas-y, Oscar.

Il se leva et tripota sa barbe.

— Difficile, difficile, difficile ! lança-t-il d'une voix forte. Toutes les filles étaient fantastiques et jouaient super bien. Mais ce sera Emma Farrant et Trixie Deene.

— Waow ! s'exclama Sumitha. Bravo !

Emma ne souriait pas :

— Excusez-moi... Pourquoi on est deux ?

— Une pour « avant » et une pour « après », expliqua Oscar. Tu fais « avant », ma belle. Ton jeu est excellent, et tu as ces adorables petites dents qui pointent... Je pense qu'on peut te faire paraître vraiment vilaine...

Emma prit une profonde inspiration.

— Et Trixie pour « après »... J'adore ses longues jambes ! Et elle est si mince ! J'ai besoin de vous deux au studio dans huit jours. OK ?

— Non, articula Emma.

Mlle Ockley écarquilla les yeux.

— Je suis désolée, poursuivit-elle. Mais je refuse.

— Tu refuses ? s'étrangla Oscar. Alors pourquoi tu es là ?

— Parce que je ne savais pas vous alliez faire une pub sexiste, anti-gros et dégradante !

— Emma ! gronda Mlle Ockley.

Trop tard, Emma était lancée :

— Je ne savais pas que vous alliez essayer de vendre du chocolat en vous appuyant sur l'idée que ça a de l'importance d'être rond ou mince, d'avoir les dents qui pointent ou un bouton par-ci par-là.

— Mais je...

— Vous faites croire que pour être une star, le physique compte plus que ce que l'on est vraiment. Eh bien, l'an dernier, je suis devenue anorexique à cause de gens comme vous, qui poussent ceux qui ne sont pas parfaits à se sentir nuls ! Je refuse de participer à ça.

Elle prit sa veste et saisit le bras de Sumitha.

— Partons, dit-elle. J'en ai assez vu.

Ouvre les yeux, Papa. S'il te plaît, ouvre les yeux.

Henry Joseph gisait immobile sur le lit ; le moniteur cardiaque, au-dessus de sa tête, émettait des bips monocordes.

— John, chéri, tu devrais rentrer, suggéra sa mère. Tu ne peux rien faire, ici, et tu dois avoir des tas de devoirs à finir.

John soupira. Les devoirs, quelle importance ? Qu'est-ce qui avait de l'importance, d'ailleurs ? Son père était en train de mourir, Laura flirtait avec Simon. Tout allait mal, ça ne pouvait pas être pire.

— Chéri, va prendre l'air, au moins, l'encouragea sa mère.

En se promenant dans le couloir, John repéra un téléphone. Il décida de l'appeler. Juste pour entendre sa voix. Peut-être que cette histoire avec Simon n'était qu'un énorme malentendu, peut-être qu'il la draguait et qu'elle essayait de se débarrasser de lui. Si John le lui demandait, peut-être viendrait-elle ; alors, ils pourraient parler.

Il prit le combiné et glissa une pièce dans la machine. Il composa le numéro de Laura.

— Emily Turner à l'appareil.

— Bonjour, madame Turner, c'est John.

— John, mon chou, comment va ton père ?

— Mal, souffla John, et sa voix se brisa.

Il prit une profonde inspiration.

— Laura est là ?

— Non, je suis désolée, dit Emily. Elle est sortie avec... des amis. Veux-tu que je lui demande de t'appeler quand elle reviendra ?

— Non, pas la peine. Au revoir ! bredouilla John, et il raccrocha brutalement.

Il donna un coup de poing contre le mur.

Elle était avec *lui*. Il le savait.

Les paroles de son père retentirent dans ses oreilles :

« *Cela dit, tu n'as jamais été brillant avec les filles... Je peux toujours t'offrir un guide... pour t'expliquer comment il faut s'y prendre.* »

« *Oh, va mourir !* »

Brusquement, c'en fut trop. Il ne pouvait plus supporter ça. Il courut dans le couloir, franchit les doubles portes, gagna le parking... et fonça droit dans quelqu'un.

— John ? Hé, qu'est-ce qui se passe ?

C'était Rob.

— Je suis venu te voir... J'ai pensé que tu serais avec ton père... Comment ça va ?

— Ça va, dit John en évitant son regard.

— Pour que tu sois dans cet état, je suppose que ça ne va pas trop, reprit calmement Rob. Il est vraiment mal ?

John hocha la tête, la gorge serrée.

— Tu veux en parler ? demanda Rob.

— Non. Merci, mais...

— Pas de problème. Laura t'a appelé ?

— Non.

— Hier, elle a dit qu'elle essaierait le soir même. Elle t'a peut-être raté.

John ne put se contenir :

— Elle était peut-être en train de rouler une pelle à Simon ! hurla-t-il.

— J'en doute. Simon n'est pas comme ça.

John grogna.

— Il avait l'air assez « comme ça », en boîte... Et puis, la semaine dernière, il la draguait.

Rob s'appuya contre le mur.

— Je suppose que tu n'es pas au courant des rumeurs. Je devrais peut-être me taire, mais bon, au moins tu ne t'inquiéteras plus pour rien : Simon est homo.

18

JOHN RETROUVE LE SOURIRE

— Alors, qu'est-ce que tu en penses ?

Sumitha, essoufflée, s'était affalée sur le lit d'Emma. Elle venait de lui faire une démonstration de sa chorégraphie pour la nouvelle chanson des Caméléons.

— C'est génial ! s'exclama Emma.

— La chanson ou ma chorégraphie ?

— Les deux ! dit Emma en riant. Tu l'as déjà montrée à Seb et aux autres ?

Sumitha secoua la tête.

— Pour le moment, mon problème, c'est de trouver un moyen d'aller au concert samedi prochain.

Emma posa une main sur son épaule.

— On va trouver une solution.

John regagna lentement la chambre. Si Rob disait vrai, il n'avait plus de souci à se faire au sujet de Laura. D'un autre côté, si les rumeurs avaient été fondées, Simon ne serait pas sorti avec elle...

— John ! John ! Viens... Vite !

Sa mère lui adressait des signes frénétiques ; une infirmière était penchée au-dessus de son père.

Son cœur fit un bond. « S'il vous plaît, que rien ne soit arrivé, pria-t-il. S'il vous plaît. Je serai toujours obéissant. »

— Il revient à lui, murmura sa mère.

L'infirmière sourit.

Henry ouvrit les yeux.

— Anona ? souffla-t-il. John ?

— Henry, mon chéri... dit Anona.

Une larme coula sur sa joue.

— Salut, Papa, dit John.

— Tu as fait tes devoirs ? murmura Henry avant de refermer les yeux.

— Allons, monsieur Joseph, inutile de vous soucier de ce genre de choses, intervint l'infirmière.

Mais John sourit. Que son père se soucie de ça, justement, c'était très rassurant. Il allait guérir. John le savait.

La grand-mère d'Emma passa la tête par la porte de sa chambre.

— Emma, chérie, maintenant que ton amie est partie, je peux te parler ?

— Bien sûr... Entre, Mamie.

— Mlle Ockley a téléphoné, annonça sa grand-mère, qui n'était pas du genre à tourner autour du pot.

— Ah.

— Ah ! en effet ! Tu as de la chance, c'est moi qui ai répondu et, jusqu'à maintenant, j'ai choisi de ne rien dire à tes parents.

Elle rit.

— Si j'ai bien compris, tu l'as sacrément remis à sa place, ce pauvre Oscar !

Emma prit un air penaud.

— J'y suis peut-être allée un peu fort, admit-elle. Mais Mamie, honnêtement, cette pub était tellement anti-gros et sexiste et...

Elle s'interrompit.

— Tu sais que je n'étais pas censée y aller, j'imagine, reprit-elle.

Sa grand-mère acquiesça.

— Visiblement, ton père trouve que cette passion pour le théâtre a assez duré comme ça, dit-elle.

— Oui. Pourtant, j'adore jouer la comédie... et voilà qu'ils me traînent en Écosse ! protesta Emma.

— D'après ta mère, tu dis que tu n'iras pas !

Emma poussa un profond soupir.

— C'est ce que je dis. Mais, au bout du compte, est-ce que j'ai le choix ? Je ne peux pas rester ici toute seule !

— C'est juste. Et ton père a raison... le métier d'acteur est très précaire.

Emma hocha la tête.

— Alors tu penses que je ferais mieux de passer mon bac ?

— L'un n'empêche pas l'autre.

Emma fronça les sourcils.

— Tu crois qu'à Okinmachintruc il y a plein d'écoles où on peut suivre des cours de théâtre et passer son bac ?

— J'en doute fort.

Emma la regarda d'un air soupçonneux :

— Toi, tu as une idée derrière la tête. Raconte !

Sa grand-mère lui tapota le nez.

— Chaque chose en son temps. Laisse-moi juste te dire que tout n'est pas perdu... Ne t'inquiète pas pour l'Écosse, je ne veux pas que tu rates tes examens blancs à cause de ça. Tu me fais confiance ?

— Oui, affirma Emma. Je te fais confiance.

— Bien. Allons chercher du chocolat chaud et des beignets.

19

LA SEMAINE DES EXAMENS

Tout au long de la semaine suivante, les repas, le sommeil et les rêves de chacun furent rythmés par les examens. Mlle McConnell, M. Sharpe, M. Toddy et les autres professeurs de Lee Hill prirent soin de faire monter la pression ; les élèves de seconde étaient morts de trac. Les parents débranchèrent les postes de télévision et prodiguèrent tasses de chocolat chaud et conseils inutiles : respirer à fond, avoir des pensées positives...

Le lundi, entre l'épreuve d'allemand, infernale, et le premier test de sciences, Laura retrouva enfin John.

— Comment va ton père ? demanda-t-elle, gênée. Je t'ai appelé mais personne n'a répondu.

— Il va mieux, répliqua sèchement John. Je t'ai appelée, moi aussi. Tu étais chez Simon.

Laura avala péniblement sa salive.

— Oui, hum, il avait besoin...

— Tu ne devrais pas traîner avec lui... commença John.

Il s'arrêta. Tout partait de travers.

— Je veux dire, il n'est pas bien pour toi... Il...

— Ah non ? s'énerva Laura, qui se sentait très coupable, au fond d'elle-même. Parce que toi, tu sais exactement qui est bien pour moi ?

— Je croyais que c'était *moi*, rétorqua John.

Laura regretta sa méchanceté.

— Je t'aime beaucoup, dit-elle. Mais ça ne m'empêche pas d'avoir d'autres amis.

— C'est juste un ami ?

— Bien sûr, affirma Laura. Je viens de te le dire, non ?

John trouva qu'elle n'avait pas l'air convaincue.

Le mardi, Mlle McConnell annonça à Julie que son devoir de sociologie était le meilleur travail qu'elle ait jamais rendu.

— J'ai toujours su que tu étais brillante, mais ça, c'était exceptionnel. J'apprécie l'angle que tu as choisi. Comment as-tu acquis une telle sensibilité sur le sujet ?

— Il y a deux ans, mon père a perdu son travail et maintenant, ma mère est au chômage. Elle me fait vivre un enfer...

— Ta mère ? Au chômage ?

Mlle McConnell n'aurait pas été plus surprise si Julie avait déclaré que la reine avait un emploi de caissière à temps partiel.

— Elle ne travaille plus pour la radio. Elle cherche autre chose.

— Ah bon ? Comme c'est étrange...

Julie n'en revenait pas.

— Bonne chance pour l'épreuve de sociologie cet après-midi, dit Mlle McConnell. Tu devrais envisager sérieusement de prendre cette option pour le bac.

Julie n'y avait jamais pensé.

Le mercredi, Sumitha s'affola. Les membres du groupe avaient trouvé sa chorégraphie géniale ; elle leur avait promis d'être au centre de loisirs à sept heures du soir le samedi. Pourtant, plus ce jour approchait, plus elle paniquait. Elle ne pouvait pas sortir de la maison comme ça, sans prévenir personne. Et dire où elle allait était tout aussi impossible.

Elle décida de téléphoner tout de suite à Seb, avant d'aller au lycée, pour lui annoncer qu'elle avait changé d'avis. Il serait vraiment contrarié, mais elle n'avait pas le choix.

Elle se traîna au rez-de-chaussée. Le téléphone se mit à sonner à l'instant où elle posait la main sur le combiné.

— Allô ? Sumitha Banerji à l'appareil.

— Sumitha ? Ici Sajjed, le voisin de ton cousin. De Sheffield. Comment vas-tu ?

— Très bien, merci, répondit-elle poliment.

— Je suis très heureux de penser que nous allons bientôt tous nous rencontrer, dit la voix. Asim sera tellement content de faire ta connaissance...

C'était le type à qui son père avait écrit ! Sa mère avait donc laissé partir la lettre. Elle sentit une colère noire monter en elle.

Son père passa la tête par la porte de la cuisine.

— Sumitha ? Qui est au téléphone ?

— C'est pour toi ! répliqua-t-elle sèchement.

Elle lui jeta le combiné et remonta à l'étage, accablée par la duplicité des adultes.

Elle entendit son père s'écrier :

— C'est formidable ! Bien sûr, bien sûr. Je vous en prie... Le jour qui vous convient, cette semaine. Nous serons ravis de vous voir. Oh oui, Sumitha aussi.

Ce fut la goutte d'eau qui fit déborder le vase.

Elle descendit en trombe et entra dans la cuisine, où son père régalait sa mère avec les détails de la conversation.

— *Nous* ne serons *pas* ravis de les voir ! hurla-t-elle. Je sais qui a appelé et je ne veux pas de ça !

Son père se tourna vers elle, ahuri.

— Tu es vraiment un hypocrite total ! lui jeta-t-elle. D'abord tu me harcèles avec le travail pour que j'assure mon avenir, et la minute d'après c'est toi qui organise mon avenir !

— Sumitha ! s'exclama sa mère. Fais des excuses à ton père !

— Pourquoi ? hurla-t-elle. Parce que je veux avoir mon mot à dire sur ma propre vie ?

Son père plissa les yeux et ses lèvres formèrent une ligne mince, sévère.

— Je ne veux que le meilleur pour toi... commença-t-il.

— Redescends sur terre ! gronda Sumitha. Tu ne sais pas ce qui est le mieux pour moi... Tu ne me connais pas du tout !

Là-dessus, elle ouvrit la porte de derrière avec brusquerie.

— Sumitha, ton petit déjeuner ! s'écria sa mère. Tu ne peux pas passer tes examens avec l'estomac vide !

— Le petit déjeuner, les exams, je m'en fous ! répliqua Sumitha. Je me fiche de tout !

— Sumitha ! Attends !

Julie traversa la cour du lycée pour rejoindre son amie. Elle avait un examen de physique dans vingt minutes et ne se rappelait plus rien sur la conduction. Sumitha saurait ; elle savait tout.

— Sumitha... Hé, qu'est-ce qui ne va pas ?

Sumitha était en larmes.

— Ça va très bien, souffla-t-elle.

— Non, ça ne va pas, insista Julie en lui prenant le bras. Raconte-moi. Je pourrai peut-être t'aider.

Le visage de son amie était décomposé.

— Pourquoi ils ne me laissent rien faire comme vous ? Pourquoi ?

— Alors tu vois, conclut Sumitha, dix minutes et un demi-paquet de mouchoirs plus tard, je ne sais absolument pas quoi décider. D'un côté, je veux faire la paix avec eux parce que je les aime, et d'un autre, j'ai envie de m'amuser un maximum... surtout si je dois vivre selon leurs règles démodées jusqu'à la fin de mes jours.

Julie acquiesça.

— Ça doit être vraiment dur pour toi. Je n'arrive pas à l'imaginer. Mais je suppose que les Indiens ne font pas tous des mariages arrangés ?

Sumitha secoua la tête.

— De moins en moins. Et, au fond, je sais que mon père ne me forcerait pas à épouser quelqu'un que je n'aime pas. C'est juste horrible de rencontrer des gens en sachant qu'ils te jaugent pour décider si tu mérites leur précieux fils.

Julie hocha la tête.

— Bon, si tu veux participer au Concours des Groupes, il nous faut un plan.

— *Nous* ?

— Oui. Plus il y aura de gens dans le coup, plus ce sera facile de brouiller les pistes.

— Qu'est-ce que je peux inventer ? gémit Sumitha.

Julie réfléchit un moment.

— Le secret, reprit-elle, c'est de dire la vérité aussi longtemps que possible. Avec trop de mensonges, ça devient compliqué. Alors, on expliquera à tes parents qu'on va au centre de loisirs.

— QUOI ? explosa Sumitha. Leur parler du concert ? C'est le moyen le plus sûr pour qu'ils m'enferment toute la soirée !

— Est-ce que j'ai parlé d'un concert ? Ça se passe au centre de loisirs, non ? Ils penseront simplement qu'on va jouer au badminton ou prendre un café !

Sumitha la regarda avec admiration.

— C'est génial ! Mais si mon père m'interdit de sortir ?

— Il ne t'en empêchera pas, assura Julie. Pas si tu suis mes conseils.

Pendant le dîner, le mercredi soir, la mère d'Emma annonça :

— Mamie a quelque chose à te dire... Maman ?

La grand-mère d'Emma posa ses couverts.

— Je pense que j'ai une solution à ton problème. Et si, quand tes parents partiront s'installer en Écosse, tu venais vivre avec Tom et moi ? Seulement pendant les périodes de cours, bien sûr. Pour aller au conservatoire d'art dramatique. Et tu irais en Écosse durant les vacances.

Emma écarquilla les yeux.

— Mamie, ça serait génial ! Mais Papa ne veut pas que j'aille au conservatoire !

Elle jeta à son père un regard lourd de mépris.

— Du moment que tu passes le bac aussi, disons que je m'y résigne, déclara son père.

Emma se leva d'un bond et se jeta à son cou.

— Merci, Papa ! Tu seras fier de moi, je te le promets. Je serai une star de cinéma méga-célèbre.

Emma fonça téléphoner à ses amies pour leur annoncer la nouvelle ; sa grand-mère tapota le bras de Claire et sourit.

— Ne fais pas cette tête !

— Quelle tête veux-tu que je fasse ? gémit Claire. Elle a sauté sur ta proposition... Comment vais-je me débrouiller, là-bas, sans elle ?

— Tu n'auras pas à te passer d'elle, assura sa mère.

Claire fronça les sourcils.

— Maman, qu'est-ce que tu racontes ?

— Laissons les choses suivre leur cours, dit Andrew en servant le café. Ta mère a un plan.

— Oh non, encore ! soupira Claire.
— Un plan infaillible, déclara sa mère.

— Il faut qu'on discute, annonça la mère de John, le jeudi. Maintenant que ton père commence à se rétablir, nous devons parler de l'avenir. Il ne peut pas reprendre son travail, tu le sais.

John hocha la tête :

— Alors, tu vas partir en Cornouailles ?

— Pas tout de suite.

— Maman, c'est la seule chose qui puisse le rendre heureux ! Tu dois y aller. Tu ne peux pas le laisser retomber malade !

— Attends une minute ! Écoute-moi jusqu'au bout. Si j'abandonne tout pour partir immédiatement en Cornouailles, je serai frustrée, de mauvaise humeur, et ça n'aidera pas notre couple. Parce que notre couple va mal, John, ajouta-t-elle doucement.

John resta silencieux.

— D'ailleurs, il te reste une année de lycée, et moi, j'ai mes études à terminer.

— Et, pendant ce temps, Papa rechutera ! hurla John.

— Pendant ce temps, ton père va prendre sa retraite, vivre au calme, récupérer... et après, quand tu quitteras le lycée, nous nous installerons en Cornouailles. Il paraît que Saint-Ives est une ville d'artistes... Je pourrai ouvrir un atelier de décoration là-bas !

John rayonnait.

— Alors, tu l'as écouté, finalement ! Tu y as réfléchi !

— Beaucoup, dit Anona. Une fois que tu seras en fac d'arts plastiques, l'endroit où nous habiterons n'aura plus trop d'importance... mais pour le moment, si je me sépare de toi, c'est moi qui ferai une crise cardiaque !

Pour la première fois, elle plaisantait depuis l'accident de son père. Les choses s'arrangeaient.

Si seulement cela avait été pareil avec Laura !

— Sumitha ? C'est Seb.

Le cœur de Sumitha bondit.

— Écoute, Ted a mal à la gorge, alors on a annulé la répétition. Ça ira si tu viens danser samedi sans avoir répété ? Ted ne veut pas risquer de casser sa voix.

— Parfait ! s'exclama Sumitha, soulagée. Je n'aurai pas à chercher une autre excuse.

— Tu veux que je t'emmène ?

— À mon avis, si tu te gares devant chez moi avec ta décapotable, mon père va faire une attaque, répondit la jeune fille. Je te retrouverai là-bas.

— Tu t'habilles comment, pour le concert ? demanda Emma à Sumitha le vendredi matin.

— J'y ai réfléchi, annonça fièrement Sumitha. Il faut que je paraisse hyper-fadasse quand on sortira, alors je vais mettre mon vieil imper, des bottes qui montent jusqu'aux genoux et des gants noirs.

Laura fit la grimace.

— Ça ne risque pas de mettre le groupe en valeur.

— Non, mais en dessous... Enfin, vous verrez bien.

Sumitha sourit.

— Quitte à le faire, autant que je mette le paquet.

À l'heure du thé, Emma, qui furetait dans la cuisine, planta un doigt dans une motte de nourriture incolore.

— Qu'est-ce que c'est ?

— La recette spéciale que ta mamie a rapportée de Chine, répondit sa mère. C'est du riz, des germes de soja, du poisson, des algues et...

— Je peux prendre un sandwich, plutôt ?

— Chérie, intervint sa grand-mère, tu ne trouves pas que la nourriture exotique, c'est plus excitant ?

Si Julie n'était pas restée travailler tard à la bibliothèque, elle n'aurait jamais su. Le calme de la salle d'étude fut rompu par un bruit de verre cassé, dans la cour. Mlle Maddox, la bibliothécaire, se précipita à la fenêtre pour voir la cause de ce vacarme, mais ce fut Julie qui repéra la petite silhouette trapue se faufilant par le trou dans la haie, à côté des hangars à vélos. Deux garçons plus grands sautèrent par-dessus la haie et filèrent dans la direction opposée.

— Qui est-ce ? demanda Mlle Maddox en désignant le petit garçon.

— Aucune idée, mademoiselle, lui assura Julie.

Mais elle savait.

C'était Ricky.

— Bex ? C'est Julie. Écoute, il y a urgence. Ricky a des ennuis.

Julie n'en était qu'au milieu de son récit quand le bip retentit.

— Je n'ai plus d'argent, dit-elle en fouillant désespérément dans ses poches.

— Je rentre à Leehampton, décida Bex. J'arriverai demain vers midi. Je t'appelle.

— OK.

— Hé, Julie ?

— Oui ?

— Merci.

Quand Julie rentra chez elle, sa mère était installée devant la télévision ; elle grignotait un morceau de fromage d'un air désespéré.

— Avant que tu poses la question : apparemment,

je n'ai pas ce qu'il faut pour être mannequin, déclara Ginny.

« Ça, je le savais déjà ! » pensa Julie.

— Et alors ? lança-t-elle gaiement. Pourquoi tu ne t'en tiens pas à l'écriture ? C'est pour ça que tu es douée, après tout.

— Oh oui ! Je suis tellement douée que tous les journaux du pays se battent pour m'engager. L'ironie dans tout ça, c'est que j'ai passé des années à m'occuper des problèmes des autres et que, aujourd'hui, je ne suis même pas capable de régler les miens.

— Je suis sûre que tu pourras régler le mien, affirma Julie. S'il te plaît ?

Ginny inclina la tête.

— Raconte.

Julie raconta.

— Donc tu n'as pas vu Ricky lancer l'objet qui a cassé la vitre ?

— Non, expliqua Julie, je l'ai juste reconnu quand il s'est enfui... et il y avait aussi deux autres types, plus âgés.

Ginny hocha la tête.

— Alors peut-être que ce n'est pas lui le coupable. Tu as bien fait d'appeler Bex. Tu trouveras ce qu'il faut faire.

— Moi ?

Sa mère fit signe que oui.

— J'ai l'impression que tu es plutôt douée pour ce genre de choses.

20

JOHN PREND LES DEVANTS

Le samedi matin, Sumitha respira à fond avant d'afficher son expression la plus innocente.

— Papa ? Ça pose un problème si je vais au centre de loisirs une heure ou deux, ce soir ? Nous avons pensé qu'un match de badminton pourrait réconforter John.

— Quelle bonne idée ! approuva vivement sa mère. Le sport, c'est l'idéal pour se détendre après l'étude. Et c'est tellement gentil de penser à ce pauvre John. N'est-ce pas, Rajiv ?

Sumitha retint son souffle.

— Au centre de loisirs ?

Sumitha hocha la tête ; elle retenait toujours son souffle.

— Tu as la permission, déclara son père... Jusqu'à dix heures et demie seulement.

Sumitha s'étrangla. C'était bien trop tôt. Mais elle ne fut pas assez stupide pour discuter.

— Merci, Papa, tu es génial ! s'exclama-t-elle.

Et elle songea que son père paraissait beaucoup plus sympathique quand il souriait.

Sumitha plaqua sa bouche près du combiné et murmura :

— C'est bon ! Ça a marché, Julie ! Tu peux arranger le coup avec les autres ?

— Je m'en occupe, dit Julie.

— John ? C'est Julie à l'appareil. Comment va ton père ? Vraiment ? Oh, je suis contente. Écoute, on voudrait toutes que tu sortes avec nous ce soir.

— Toutes ? laissa échapper John.

Julie savait ce qu'il entendait par là.

— Oui... Laura voulait te téléphoner, seulement elle a dû sortir avec sa mère, mentit-elle. Attention, c'est top secret. Voici le plan...

— Alors, tu es d'accord ? demanda Julie à Laura.

— Bien sûr, dit Laura. Je mettrai même des baskets pour que ça fasse plus vrai. Je préviendrai Simon.

— Laura, tu ne vas pas amener Simon, quand même ? protesta Julie.

— Si, bien sûr. Pourquoi pas ?

Elle n'allait certainement pas rater l'occasion de retrouver Simon sur une piste de danse ; elle espérait bien échanger quelques baisers passionnés.

Julie prit une profonde inspiration :

— Parce que tu es la copine de John.

— Plus pour longtemps, répliqua Laura.

— Alors, Simon t'a... ? Je veux dire, est-ce que Simon et toi... ?

Julie hésita. Elle ne savait pas comment aborder la question.

— Ça suffit ! cria Laura. Qu'est-ce que vous avez tous ? Simon est un garçon gentil, doux, attentionné. Je l'aime beaucoup.

— Je sais, reprit Julie. Mais John l'est aussi. Et il t'aime.

— Eh bien, lança Laura, si John est *si* merveilleux, tu n'as qu'à sortir avec lui !

Et elle raccrocha.

La grand-mère d'Emma jeta un coup d'œil par la porte entrouverte et désigna les débris éparpillés sur la moquette.

— Emma chérie, tu ne crois pas que tu devrais ranger ta chambre ?

— Plus tard, Mamie, je révise, grogna Emma.

— Qu'est-ce que tu étudies ? demanda sa grand-mère en s'affalant sur le lit. Raconte-moi.

Emma soupira.

— Des trucs... Écoute, Mamie, je dois...

— Je trouve que la couleur de ce pull ne te va pas du tout, poursuivit sa grand-mère. Moi, je t'ai toujours aimée en jaune.

— Le jaune, c'est démodé ! siffla Emma. S'il te plaît, Mamie, je dois travailler... sinon je n'aurai pas terminé pour ce soir.

— Ah oui, ce soir ! J'ai appris que ton père t'a donné la permission de rentrer tard... Je n'approuve pas. En pleine semaine d'examens ! Et on entend de telles histoires...

— MAMIE !

Emma découvrait un côté de sa grand-mère qu'elle n'avait jamais remarqué auparavant. Et qu'elle n'appréciait pas beaucoup.

John n'était pas emballé par l'idée d'aller à ce concert. Certes, c'était vraiment cool de la part de ses copains d'essayer de lui changer les idées, mais Laura n'avait toujours pas appelé. Même si elle était assez sympa avec lui au lycée, chaque fois qu'il lui proposait un rendez-vous, elle trouvait une excuse : les révisions ou les devoirs, qui ne l'avaient pourtant jamais beaucoup tourmentée jusque-là. Il savait qu'elle allait le plaquer. Peut-être devait-il se décider à prendre les devants.

Pourtant, si Rob avait dit vrai, il ne pouvait rien y avoir entre Simon et Laura. Il voulait en avoir le cœur net.

Et il n'y avait qu'un moyen de le savoir.

— Allô, Julie ? C'est moi, Bex. Je suppose que tu ne sais pas où est Ricky ?

Julie fronça les sourcils.

— Non... Il n'est pas chez vous ?

— Je viens d'arriver et la maison est vide. T'inquiète pas... Je vais partir à sa recherche. Mais si tu le croises, dis-lui que je suis arrivée. OK ?

— Bien sûr, promit Julie. Hé, Bex ?

— Oui ?

— T'en fais pas. On va régler ça.

— Simon est là ? Je suis un ami du lycée.

— Simon ! Il y a de la visite pour toi !

Simon descendit l'escalier à pas lourds. Il se figea quand il vit John.

— J'aimerais avoir une petite conversation avec toi, annonça John précipitamment.

Simon prit sa veste.

— Je m'y attendais un peu, dit-il. Allons faire un tour.

Il claqua la porte d'entrée derrière eux.

— C'est au sujet de Laura ?

John hocha la tête :

— Écoute, je tiens vraiment beaucoup à Laura et je croyais qu'elle m'aimait bien aussi. Sauf que, maintenant, on dirait que vous êtes ensemble, tous les deux, et elle m'adresse à peine la parole et, euh, j'ai entendu des rumeurs.

Simon le fixa.

— Quelles rumeurs ? souffla-t-il.

— Il faut que tu m'expliques ce qui se passe. C'est vrai que tu es gay ?

— Alors, conclut Simon dix minutes plus tard, je ne peux pas te répondre. Je ne sais pas. Peut-être.

John fronça les sourcils.

— Pourtant tu as dragué Laura...

Simon secoua la tête.

— J'ai été nul sur ce coup-là. Tu comprends, mon père et ma sœur me harcelaient parce que je ne trouvais pas de copine et que je m'intéressais plus à la cuisine qu'au sport... Ils n'arrêtaient pas d'insinuer... que je préférais les garçons... alors j'en ai eu marre.

John hocha la tête.

— Je vois.

— J'ai pensé que si je sortais avec une fille, si je la ramenais à la maison, ils la fermeraient et me laisseraient tranquille. C'est dur quand ta famille ne t'accepte pas tel que tu es. Enfin, je ne m'attends pas à ce que tu me comprennes.

— Oh si, je comprends ! dit John. Crois-moi, je comprends. Mais tu ne peux pas mener Laura en bateau... Je crois qu'elle est amoureuse de toi, malheureusement. Elle pense que ça va marcher.

Simon baissa la tête.

— Je lui parlerai ce soir. Je suis vraiment désolé, John. Tu seras là, non ? Pour recoller les morceaux ?

— Essaie de m'en empêcher ! plaisanta John. Simon ?

— Oui ?

— Je trouve ça très courageux, ce que tu viens de faire. Merci.

21

RÉVÉLATIONS ET DÉCEPTIONS

— On a réussi ! souffla Sumitha, incrédule. On y est !

Le grand hall du centre de loisirs avait été transformé : il y avait des projecteurs au plafond, une scène au centre et deux immenses écrans vidéo.

— Il faut que j'aille retrouver les garçons, lança Sumitha. Souhaite-moi bonne chance !

— Merde ! lança Emma.

— Pardon ?

— C'est comme ça qu'on se souhaite bonne chance, entre gens du spectacle.

— Bizarre, dit Sumitha.

Seb sourit à Sumitha.

— Alors tu es venue ! Ted pensait que tu allais te dégonfler.

— Tu parles ! Jamais ! s'exclama Sumitha, qui avait bien failli pourtant. Ça va ?

Seb avait les joues rouges et sautait d'un pied sur l'autre. Il se pencha vers elle et l'embrassa sur la joue.

— Ça n'a jamais été mieux, ma jolie !

Sumitha recula, écœurée. Son haleine empestait la bière.

— Fais voir ton costume, dit Ted.

Sumitha ôta son imper.

— Waow ! lança Ted.

— Sexyyyy ! renchérit Seb. On se voit après, j'espère !

Cette remarque aurait dû enchanter Sumitha. Pourtant, elle se sentit mal à l'aise. Et, brusquement, elle se demanda si tout ça n'était pas une très grosse erreur.

— Tu lui as parlé ? demanda John à Simon quand la foule s'avança pour écouter le premier groupe.

Simon secoua la tête.

— Je vais essayer de trouver le bon moment. Il y a tellement de bruit ici.

— Fais-le, c'est tout ! insista John.

— OK.

Le premier groupe, Cookies and Cream, était bruyant et pas très bon ; le deuxième, Coïncidence, faisait incroyablement années quatre-vingts. Puis Living Daylights joua un morceau vraiment cool, langoureux. Laura glissa sa main dans celle de Simon. Il se dégagea.

— Laura, marmonna-t-il. Tu peux venir dehors une minute ? Je veux te dire quelque chose.

« Ça y est, pensa Laura. Il va m'annoncer qu'il m'aime. »

— Bien sûr, ronronna-t-elle en se passant la main dans les cheveux.

— Tu es QUOI ?

Laura, bouche bée, fixait Simon, qui avait viré au rouge vif.

— Je crois que je suis gay, répéta-t-il. Je suis désolé, Laura, vraiment désolé.

Il lui posa une main sur l'épaule.

— Ne me touche pas ! hurla-t-elle en le repoussant.

Tu me dégoûtes ! Je croyais que tu m'aimais et pendant tout ce temps... Comment as-tu osé ?

— Je ne voulais pas te blesser ! Je croyais vraiment qu'avec toi ça pourrait être différent. Tu sais, je tiens énormément à toi et j'espérais me sentir...

— Quoi, normal, c'est ça ? Eh bien, ça n'a pas marché, visiblement ! siffla Laura.

Des larmes coulèrent sur ses joues.

— Tu t'es servi de moi ! sanglota-t-elle. Merci. Merci beaucoup !

Elle se détourna et partit.

— Laura ! Laura, reviens ! Le groupe passe dans une minute.

— Va l'écouter, ce stupide groupe ! cria-t-elle. Et laisse-moi tranquille !

— Et maintenant, voici le groupe numéro quatre : les Caméléons !

Tout le monde applaudit, puis s'esclaffa quand Sumitha apparut sur scène avec son vieil imperméable, ses grandes bottes, et son chapeau melon défraîchi.

— Qu'est-ce qu'elle fait ? s'étrangla Julie. Je croyais qu'elle ne portait l'imper que pour cacher son costume à son père. Et c'est quoi, ce chapeau ?

— Attends, tu vas voir... dit Emma.

Le groupe commença à jouer. Quand Sumitha ôta l'imperméable et le chapeau, des acclamations et des sifflements éclatèrent dans le public. En dessous, elle portait un short moulant ultra-court, d'un violet brillant, et un dos-nu rose vif. Elle s'était fait une queue de cheval nouée très haut sur la tête avec un chouchou pailleté.

Dès qu'elle se mit à danser, le brouhaha s'apaisa. Le public, captivé, la regarda smurfer, claquer des doigts, plier les genoux, taper des pieds, faire des pirouettes et le grand écart. Les musiciens imitèrent ses mouvements en roulant des épaules et en se déhanchant.

— Elle est géniale ! s'exclama Emma.

— Extra, renchérit Julie. Elle n'a pas l'air très heureuse, par contre.

— Où est Laura ? demanda John.

À la fin de la chanson, Sumitha effectua deux roues pour traverser la scène et, sur le dernier roulement de tambour, fit le grand écart en ouvrant grands les bras vers le public.

Des sifflements, des applaudissements interminables, des « Bravo ! » et des « Encore ! » résonnèrent dans la salle.

Sumitha quitta la scène en courant et ramassa ses affaires.

— T'as été géniale ! s'écria Seb en la serrant dans ses bras.

Sumitha se dégagea et haussa les épaules.

— Hé, pourquoi tu me snobes ? C'est la fête !

— Je dois partir ! lança Sumitha.

— Quoi ?

Sumitha se mordilla la lèvre. Elle voulait sortir d'ici. Elle se sentait minable et vulgaire. Elle se vit brusquement à travers les yeux de son père. Elle dansait bien ; ça, elle le savait. Pourtant, sur scène, quand elle avait vu tous les garçons la mater et lancer des commentaires déplacés en s'esclaffant, elle avait eu envie de disparaître dans un trou de souris. Elle ne voulait pas que n'importe qui puisse la voir comme ça. Seulement quelqu'un de spécial. Et, pour le moment, il n'y avait personne de spécial. Pas même Seb.

— C'était amusant, dit-elle. Merci. Mais je dois vraiment y aller. Préviens-moi si vous gagnez. Et si vous gagnez, laissez tomber l'alcool. Ce soir, vous étiez loin d'être aussi bons que d'habitude.

Les mines estomaquées des trois garçons la réconfortèrent.

— Sumitha ! C'était génial !

— Super !

— Quel effet ça faisait ?

Sumitha regarda ses amies.

— Affreux, dit-elle doucement. Je regrette d'être venue.

— Tu as tellement bien dansé... commença Emma.

Sumitha secoua la tête :

— Ça ne me ressemble pas. La danse, c'est super... mais pas comme ça. Je ne peux pas vous expliquer.

Elle sentit ses yeux se remplir de larmes.

— Tu veux rentrer maintenant ? proposa gentiment Julie. Je peux appeler ma mère et lui demander de passer plus tôt.

Sumitha était sur le point d'accepter quand John se précipita vers elles, l'air très inquiet.

— Je ne trouve Laura nulle part. Simon... Simon lui a avoué qu'il était homo. Elle est partie. Qu'est-ce que je dois faire ?

— T'en fais pas, le rassura aussitôt Julie. On va la trouver.

Après avoir traversé le parking en courant, ils étaient montés jusqu'aux courts de tennis et redescendus vers le gymnase.

— Courir dans tous les sens, ça ne sert à rien, se lamenta John. Qu'est-ce qu'on fait, en général, quand on est désespéré ?

— On pleure ? suggéra Sumitha, qui en avait envie.

— On mange du chocolat, proposa Emma.

— Emma, s'écria Julie, tu es un génie ! Allez voir

du côté de la piscine. Moi, je vais jeter un coup d'œil près des courts de badminton ; il y a des distributeurs de chocolat là-bas.

Julie trouva Laura assise dans le vestiaire des femmes, reniflant misérablement.

— Hé, Laura, ne pleure pas ! C'est pas la fin du monde.

Laura s'essuya les yeux du revers de la main.

— Tu es au courant ?

Julie fit signe que oui.

— Je me sens tellement... utilisée, sanglota Laura. C'est tellement... dégoûtant.

Julie prit un air sévère.

— Non, ce n'est pas dégoûtant. Que Simon soit gay ou non, ça ne change rien à sa personnalité. Il s'intéresse vraiment à ce que tu fais, il a un super sens de l'humour...

— Je sais tout ça ! coupa Laura. C'est pour ça que je l'aime. Et pendant tout ce temps, il faisait semblant. Je ne lui plaisais pas du tout. Comment a-t-il pu ?

— D'après John, son père s'acharnait contre lui ; je suppose qu'il voulait juste essayer d'avoir l'air comme tout le monde.

Laura leva la tête.

— John savait ? À propos de Simon ?

— Il ne l'a appris qu'aujourd'hui, précisa vivement Julie. Il a entendu des rumeurs et ne supportait pas l'idée que tu puisses souffrir, alors il est allé voir Simon.

Laura la fixa, les yeux écarquillés.

— Vraiment ? Il ne voulait pas que je souffre ? Après tout ce que je lui ai fait ?

Elle soupira :

— J'ai été tellement égoïste. Il ne me pardonnera jamais.

— Je parie que si. Va lui demander. Il est dehors, dans la...

Mais Laura était déjà partie.

— John me raccompagne en taxi, annonça fièrement Laura. Nous voulons être seuls. Tu préviendras ta mère ?

Julie hocha la tête :

— Bonne chance. John t'aime, il t'aime vraiment.

— Je sais, dit Laura.

— Et toi ?

— Franchement, je ne sais pas. Mais je veux qu'on se réconcilie.

Mme Gee ouvrit la portière du passager ; les filles s'engouffrèrent à l'intérieur.

— Alors, comment était le concert ?

Génial...

Julie s'interrompit.

— Enfin, on est allés jouer...

— Arrête ! coupa Ginny en souriant. Je ne suis pas née de la dernière pluie.

Elle démarra la voiture.

— Vous n'avez rien dit... s'étrangla Sumitha.

— Je n'ai rien dit à personne, lui assura Ginny en tournant dans la rue principale. Mais ton père risque tout de même de se demander pourquoi tu as besoin d'un chouchou à paillettes et de ce haut ravissant pour faire du sport.

Sumitha resserra son imperméable et noua la ceinture.

— Écoute, Sumitha, reprit Ginny, je sais ce que tu as fait.

Sumitha blêmit.

— Le type de *L'Écho* qui devait couvrir le concert a eu une intoxication alimentaire. Le rédacteur en chef m'a proposé de le remplacer. Alors je suis venue. Tu danses bien, Sumitha.

C'en était trop. Sumitha savait qu'elle avait mal agi. Elle ne ferait plus jamais rien d'aussi stupide. Mais que la mère de Julie le découvre – et évidemment, le raconte à son père –, c'en était trop. Elle éclata en sanglots.

— Ma chérie, ne pleure pas !

Ginny prit un mouchoir dans la boîte à gants et le lui tendit avant de reprendre :

— Tu ne t'imagines quand même pas que je vais le répéter ? J'ai été jeune autrefois, moi aussi, tu sais. Et puis tu n'as pas eu d'ennuis. Pas cette fois.

Sumitha renifla.

— Je me sens sale, expliqua-t-elle. Mon père avait raison : tout ce que font mes copines n'est pas bien pour moi.

— Alors sois honnête : répète-lui exactement ça, conseilla Ginny. Il sera très fier.

Elle se gara devant la maison de Sumitha.

Les pièces du bas étaient toutes éclairées et, dans l'allée, une Mercedes bleu foncé était garée à côté de la Volvo de Rajiv.

— On dirait que vous avez de la visite, observa Ginny.

Sumitha sentit sa gorge se serrer.

— C'est Sajjed ! Je ne peux pas entrer, s'étrangla-t-elle. Ils vont me présenter et je vais devoir enlever mon manteau et...

Les larmes se remirent à couler.

— Qu'est-ce que je vais faire ?

Ginny secoua la tête.

— Je crois que tu vas devoir affronter l'orage, ma chérie.

Julie saisit le bras de sa mère.

— Maman ! Tu es vraiment du côté de Sumitha ? Vraiment, vraiment ?

— Je ne prends pas parti sur ce que je ne comprends pas, répliqua Ginny. Mais je ne veux pas qu'elle ait des ennuis.

— Bien, dit Julie. J'ai une idée. Voilà ce qu'on va faire...

— Elle devrait arriver d'une minute à l'autre, maintenant, déclara Rajiv en souriant à ses visiteurs. C'est une enfant obéissante, elle respecte mes règles.

— C'est bien, dit Sajjed, qui examinait la pièce avec intérêt en grignotant un samosa. Notre Asim est pareil.

Son fils le foudroya du regard puis se concentra sur les lattes du parquet.

— Vous avez une si jolie maison, murmura Chhobi, la mère d'Asim.

Chitrita se leva.

— Voulez-vous encore du thé ? s'enquit-elle. Ou bien un petit...

Le cri strident d'une alarme rompit le calme de la pièce.

— Oh, mon Dieu, qu'est-ce que c'est que ça ?

— Ma voiture ! hurla Sajjed, et il fonça vers la porte. Viens, Asim !

Rajiv, Chitrita et Chhobi suivirent, inquiets.

— J'espère qu'elle n'a pas été abîmée, souffla Rajiv à sa femme. Cela donnerait une très mauvaise impression de notre quartier.

Ils se précipitèrent tous dans le jardin.

— Oh, monsieur Banerji ! s'écria Mme Gee.

Elle lui attrapa le bras et le retint fermement.

— Votre voiture... Je crois que quelqu'un essayait de la voler quand nous sommes arrivées.

— Ce n'est pas la sienne... c'est la mienne ! s'écria Sajjed. Un véhicule extrêmement coûteux !

Il fit le tour de sa voiture en l'effleurant tendrement.

— Ça a l'air d'aller. Dieu merci.

— Il n'y a pas de mal, alors, commenta Ginny, qui tenait toujours le bras de Rajiv.

— C'était si gentil à vous de ramener Sumitha, dit Chitrita. Où est-elle ?

Julie afficha son sourire le plus charmant.

— Elle est déjà entrée, madame Banerji. Elle savait que vous l'attendiez.

Rajiv se tourna vers son invité, rayonnant.

— Vous voyez ? C'est une jeune fille sur laquelle on peut compter.

Il les conduisit tous à l'intérieur.

Ginny sourit à sa fille.

— Bien trouvée, ta réplique !

À l'étage, derrière la porte verrouillée de la salle de bains, Sumitha ôtait son short et enfilait son *shalwar-kameez*.

Son père avait sans doute raison sur beaucoup de choses – mais elle était contente que Julie ait une mère qui ne soit pas à cheval sur les principes. Et elle avait de la chance d'avoir une amie si futée... et si douée pour cogner les pare-chocs des voitures sans les abîmer !

— Et voici Asim, dit Rajiv. Asim, je te présente ma fille, Sumitha.

Sumitha s'efforça de paraître renfermée et maussade, mais quand elle vit le visage souriant d'Asim et ses yeux noirs pétillants, elle ne put s'empêcher de sourire à son tour.

— Il est bon pour ces jeunes gens de commencer à se connaître, commenta Sajjed.

— En effet, approuva Rajiv. Qui sait où ça peut mener ?

Sumitha ferma les yeux. Comment pouvait-il faire ça ? Si ouvertement ?

Asim prit une profonde inspiration.

— Je crois qu'il faut que je vous l'avoue... Je ne peux pas accepter ça.

Personne ne broncha.

Sumitha rouvrit les yeux et le regarda, stupéfaite.

— Je trouve Sumitha très jolie, et je suis sûr que votre famille est adorable. Pourtant je ne peux pas vous laisser penser que je vais peut-être, dans quelques années, épouser votre fille. Je sais que c'est la tradition... mais je ne peux pas m'y faire. Mon monde est différent du vôtre. Je dois vivre ma vie à ma façon.

Sumitha le contempla avec admiration. Elle savait à quel point cela avait dû être dur pour lui de dire ça. Elle avait une idée assez précise du genre de dispute familiale qui éclaterait quand il rentrerait chez lui.

Les deux hommes ouvrirent la bouche pour parler, mais Chitrita les devança :

— Asim, je trouve ce que tu viens de dire très sensé. (Elle jeta un regard à Rajiv.) Nous avons voulu élever nos enfants en Angleterre, alors comment pourrions-nous leur reprocher de vouloir adopter, au moins en partie, les mœurs de ce pays ?

— C'est juste, renchérit Chhobi. Je suis désolée, Sajjed, j'ai aussi mon mot à dire. Asim veut voyager, voir le monde. Il va rencontrer beaucoup de jeunes femmes et, le moment venu, tomber amoureux.

— Mais c'est le désastre assuré ! s'exclama Rajiv.

— Très juste ! acquiesça Sajjed.

— Peut-être, admit Chitrita. Pourtant ces jeunes gens doivent choisir leur propre voie et la suivre. Nous ne pouvons pas vivre leur vie à leur place, de toute façon.

— Où sont-ils, d'ailleurs ? demanda Chhobi.
Elle se retourna et fouilla la pièce du regard.

Dans la cuisine, Sumitha servit un verre de Coca à Asim.

— Merci, dit-elle, tout sourire.

— Pourquoi ?

— Pour avoir dit tout haut ce que je pensais tout bas.

Asim sourit.

— Alors tu n'es pas offensée ?

— Offensée ? Je n'ai jamais été plus soulagée de ma vie !

— Bien sûr, nous pourrions garder le contact, suggéra Asim. Nous voir de temps en temps. Enfin, si tu veux bien.

— Ça serait super, répliqua Sumitha, radieuse. Après tout, les filles sages font toujours ce que veut leur père, n'est-ce pas ?

Quand Chitrita entra dans la cuisine pour refaire du thé, elle eut la grande surprise de trouver Sumitha et Asim pliés de rire.

22

JULIE TROUVE SA VOIE

— Maman, tu es trop géniale ! s'écria Julie en serrant Ginny dans ses bras. Personne n'a une mère aussi cool que toi !

Ginny sourit.

— C'est agréable de l'entendre, pour une fois, la taquina-t-elle. Au fait, Bex a téléphoné pendant ton absence. Elle m'a demandé de te dire qu'elle a retrouvé Ricky ; il traînait avec deux garçons de leur lotissement. Apparemment, ils le menaçaient et lui prenaient de l'argent... tout ça. Elle a eu une longue conversation avec lui ; il va tout raconter au proviseur lundi.

Julie poussa un soupir de soulagement.

— Ouf. J'espère que M. Todd ne sera pas trop sévère avec lui. Ricky a la vie dure chez lui, tu sais. Sa mère le bat...

— C'est affreux. Et ça dépasse largement nos compétences.

— Mais toi, tu sais sûrement quoi faire, dit Julie. Tu donnes... Tu donnais tous les jours des conseils aux gens.

— Une émission de libre antenne, c'est une chose. Se mêler de la vie des gens qui ne vous ont rien demandé, c'en est une autre.

— Il y a des tas de jeunes qui auraient besoin de quelqu'un comme toi... Je sais ! Tu pourrais écrire des livres... sur le divorce, les parents violents, comment réagir quand on se fait racketter, tout ça.

Ginny ne dit rien.

— Maman ?

— Tu sais quoi, fit doucement Ginny, je crois que ça me plairait bien. Les enfants les liraient ?

— Bien sûr ! s'exclama Julie. Tu n'imagines pas à quel point c'est dur, l'adolescence. Le parcours n'est pas fléché.

— Voilà ! Julie, tu es incroyable !

— Pardon ?

— Parcours fléché... Une série de livres qui s'appelleraient « Suivez les flèches ». Suivez les flèches pour guérir votre timidité, suivez les flèches pour surmonter le chagrin... Julie, tu viens de résoudre mes problèmes de carrière !

— Tant mieux... Si seulement j'y arrivais pour moi ! soupira Julie. Qu'est-ce qu'on peut faire avec la sociologie ?

— Toutes sortes de choses. S'occuper des anciens prisonniers en liberté surveillée, travailler dans la police, les services sociaux...

— C'est là qu'on aide les enfants comme Ricky ? demanda Julie. Et qu'on trouve des solutions pour eux ?

Sa mère fit signe que oui.

— Dans ce cas, je ferais mieux de passer les mois qui viennent à bosser à fond. Je continue jusqu'au bac.

Sa mère la serra fort dans ses bras.

— Tu finiras peut-être comme moi ! s'exclama-t-elle fièrement.

— Je ne pense pas, corrigea Julie en lui adressant une petite grimace complice. Il reste des biscuits ?

Emma prit le dépliant qui se trouvait sur son oreiller et le feuilleta. Ça alors !

Conservatoire d'art dramatique d'Écosse centrale
INFORMATIONS

On pouvait absolument tout faire : théâtre, chant, danse, mime, mise en scène, régie... La liste était interminable !

Et il était possible de préparer le bac. Il y avait tout un choix d'options, dont études théâtrales et anglais, ses deux matières préférées.

Elle chercha l'adresse au dos. C'était à Aberdeen. Son père avait dit qu'Auchinchulish se trouvait à environ trois quarts d'heure d'Aberdeen. Elle pouvait donc partir avec eux, et faire du théâtre, et passer le bac – juste pour qu'ils lui fichent la paix.

En plus, ce serait une parfaite excuse pour éviter de vivre avec Mamie pendant les périodes de cours. Elle l'adorait, mais depuis que sa grand-mère avait pris en charge les repas à la maison, Emma ne supportait pas l'idée de devoir faire les frais de ses innovations gastronomiques toute l'année. En plus, Mamie était une maniaque du rangement et voulait toujours tout savoir. Sa mère avait beau être sérieusement névrosée, au moins, avec elle, Emma arrivait à se débrouiller. Mamie, c'était vraiment autre chose.

Elle montrerait la brochure à son père le lendemain matin et lui expliquerait qu'il avait raison. C'est toujours la meilleure tactique avec les adultes – leur donner l'illusion de leur supériorité.

C'est seulement au moment de s'endormir qu'elle se demanda, fugitivement, qui avait mis le prospectus sur son lit.

23

BONHEUR EN VUE

— C'est tellement bon d'être à la maison ! soupira le père de John le lendemain matin.

Anona l'avait installé dans un fauteuil avec *Le Monde du golf* et une tasse de décaféiné à portée de main.

— Vous savez, j'ai l'impression qu'aujourd'hui est le premier jour du reste de ma vie.

— C'est juste, approuva sa femme, souriante.

Henry lui tapota la main.

— Et je suis désolé pour cette histoire à propos de ma retraite à la campagne... Une absurdité, vraiment...

— Certainement pas ! intervint John. On va y aller.

Henry le regarda avec stupéfaction.

— Mais...

— Pas de « mais », Henry ! coupa Anona. C'est tout décidé. Nous nous installerons là-bas dès que John aura terminé le lycée.

Le visage d'Henry s'éclaira.

— Vraiment ? Et ton travail de décoratrice... J'étais tellement égoïste, je le sais à présent. Nous n'avons pas besoin...

— Henry ! Veux-tu te taire et m'écouter ? J'y ai réfléchi. Saint-Ives est une ville d'artistes, John adorera, et j'ai le projet de monter un atelier de décoration. Je pourrai par exemple transformer des maisons de campagne décrépies en résidences secondaires haut de gamme.

Henry lui prit la main.

— Vraiment ?

— Vraiment, insista Anona. Et tu pourras avoir ta petite ferme. Promets-moi juste une chose.

— Tout ce que tu voudras ! dit gaiement Henry.

— Tu ne me demanderas jamais de traire une chèvre ni de planter une carotte ?

— Je te le promets !

Henry éclata de rire. Le vieux rire tonitruant que John, avant, trouvait si énervant.

Il l'aimait bien, maintenant. Il l'aimait même beaucoup.

— Sumitha ? C'est Seb. On n'a pas gagné.

Sumitha serra le combiné et baissa la voix.

— Pas de bol, murmura-t-elle.

— Joue pas ce jeu-là avec moi ! siffla Seb. C'est ta faute !

— Qu'est-ce qui te fait dire ça ?

— L'un des juges a entendu ta réflexion super-lourde sur l'alcool et nous a disqualifiés ! On n'avait bu que quelques canettes...

— Quelques canettes de trop ! lança Sumitha.

Et elle raccrocha.

Elle était soulagée. C'était fini.

— Sumitha ? Qui a téléphoné ? demanda son père quand elle gagna le salon.

— Oh, juste un ami du lycée...

Il lui sourit.

— Il y a eu un appel pour toi tout à l'heure, quand tu dormais encore, mais je n'ai pas voulu te réveiller.

— C'était qui ?

— Asim. Bien sûr, j'ai dit que tu ne voulais pas le fréquenter et je lui ai demandé de ne pas rappeler.

— Il a laissé un numéro ?

— Oui, mais...

— Donne-le-moi, Papa ! Tout de suite !

Elle se précipita vers le téléphone. Rajiv sourit à Chitrita :

— Peut-être que j'ai fait le bon choix, finalement !

Emma avait décidé que le déjeuner du dimanche serait l'occasion de régler la situation une fois pour toutes.

Quand ils eurent péniblement avalé ce que Mamie appelait un chausson aux pommes, mais qui ressemblait plutôt à un coussin informe et calciné, Emma se lança :

— Papa, à propos de mes études...

— Oui, chérie ? dit son père en se tapotant la bouche avec sa serviette.

— Il y a une école, à Aberdeen, où je pourrais faire du théâtre *et* préparer le bac.

— Ah oui ?

— Oui, j'ai la brochure, ça a l'air vraiment cool...

Sa mère remplit l'assiette de Luke de crème anglaise et ôta le pouce de Daniel des restes du chausson.

— Mais, chérie, je croyais que tu préferais habiter chez Mamie ?

Emma se mordit la lèvre.

— Eh bien, tu vois, j'ai pensé... Enfin, ce serait trop de travail pour Mamie, et vous me manqueriez, tous, et cette école me semble méga-cool. Ça ne t'embête pas trop, Mamie ?

Sa grand-mère éclata de rire.

— Ce qui m'aurait beaucoup gênée, c'est que tu débarques vraiment ! À ton avis, pourquoi ai-je fait la cuisine toute la semaine ? Pourquoi t'ai-je harcelée avec le désordre de ta chambre et tes sorties tard le soir ?

Emma la considéra avec stupeur.

— C'était un coup monté... dit-elle doucement.

— J'en ai peur, admit sa grand-mère. Ne te fâche pas, Emma.

Pourtant, loin de la mettre en colère, cela lui donna le sentiment d'être très protégée. Et très aimée.

— Heureusement que tu viens, ma chérie ! s'exclama sa mère en la serrant fort dans ses bras. Tu m'aurais tellement manqué !

— À moi aussi ! s'écria Emma, radieuse.

Grandir et faire ce qu'on veut, génial, mais chaque chose en son temps.

— Laura ! Je ne m'attendais pas à te revoir.

Simon recula pour la laisser entrer.

Laura secoua la tête.

— Je n'entre pas. C'est juste... enfin, je suis désolée pour ce que je t'ai dit. J'étais juste blessée et furieuse. Je ne le pensais pas.

Simon sourit.

— Pas de problème. Je suppose que le vieux cliché... tu sais, « restons amis », c'est hors de question ?

Laura lui rendit son sourire.

— Les vieux clichés, ça a toujours été ce que je préfère. Et, d'ailleurs, avec qui d'autre je pourrais lire de la poésie ?

— C'est incroyable, non ? s'exclama Laura, une semaine plus tard.

Elles étaient toutes assises sur les marches du bâtiment d'arts plastiques, pendant la pause déjeuner.

— ... Tu travailles comme une dingue, tu réussis tous ces fichus examens blancs et, après, tu te tapes un sermon de Mlle McConnell : « Ne croyez pas que c'est gagné sous prétexte que vous avez réussi une fois, persévérez pour réussir encore mieux... » Ils ne pourraient pas dire simplement bravo, pour une fois ?

Julie fit la grimace.

— Toi, au moins, tu as réussi toutes les épreuves. Moi, ils m'ont répété que ça ne sert à rien de réussir la sociologie et l'anglais si je ne suis pas capable d'avoir les maths. Mais j'y arriverai, même si je dois accepter ces cours supplémentaires que le vieux Toddy n'arrête pas de me proposer.

Emma sourit.

— Tu es devenue drôlement sérieuse !

— Tout ça a un sens maintenant, expliqua Julie. Pour la première fois de ma vie, je sais où je vais et ce que je veux faire. Ça fait du bien, vous n'avez pas idée !

Emma acquiesça.

— Si, j'imagine. Je ne peux pas dire que ça m'enchante d'aller en Écosse ! Ma seule consolation, c'est que j'y ferai du théâtre. Et puis, Papa n'a pas tort : si je ne réussis pas en tant qu'actrice, je pourrai toujours travailler en coulisses ou même devenir prof de théâtre.

— Ça va être bizarre sans toi, dit Julie. Mais au moins, nous trois, on sera ensemble.

— Ce n'est pas sûr, fit tranquillement Sumitha.

Les autres la regardèrent avec surprise.

— Comment ça ? demanda Julie. Tu es la plus brillante d'entre nous !

— Mon père m'a proposé d'aller à l'école Keene, répondit Sumitha.

— Mais c'est un lycée de filles ! s'écria Laura avec dégoût. Tu vas détester ça !

Sumitha sourit.

— Je vais adorer. Si je n'ai aucune idée de ce que je veux faire après le bac, ce que je sais, par contre, c'est que je veux être indépendante, faire une carrière, et pas me marier juste pour être mariée, comme tant de mes copines bengalaises. Je veux pouvoir me concentrer sur mon travail. L'idée de passer deux années entières sans avoir à me demander quoi mettre et si je plais à tel ou tel garçon, c'est le paradis absolu.

Laura regarda Julie.

Julie regarda Emma.

Elles haussèrent les épaules.

— C'est ta vie... dit Laura d'un ton incertain.

— Tu es sûre de toi ? demanda Julie.

— Oh oui, dit Sumitha. Je n'ai jamais été plus sûre de quoi que ce soit.

— Et les amours ? insista Emma.

— Ça peut attendre. D'ailleurs, je crois que l'amour pourrait surgir là où je l'attendais le moins.

— Sumitha ! Où veux-tu en venir ? s'enquit Laura.

— Je ne dis rien. Rien du tout. Pour le moment...

Dans la même collection
chez Pocket Jeunesse,

découvre vite

SOPHIE

VICTORIA

MELISSA

OLIVIA

CHARLOTTE

et

Arrête, Maman, je vais craquer !

Tout va très mal, merci !

Comment as-tu osé, Maman !

Pourquoi pas moi !

Cet ouvrage a été composé par
PCA - 44400 REZE

Imprimé en France sur Presse Offset par

BRODARD & TAUPIN

GROUPE CPI

La Flèche (Sarthe), le 04-09-2002
N° d'impression : 13948

Dépôt légal : septembre 2000

POCKET jeunesse

12, avenue d'Italie • 75627 PARIS Cedex 13

Tél. : 01.44.16.05.00